介護する息子たち

男性性の死角とケアのジェンダー分析

平山 亮

勁草書房

介護する息子たち

――男性性の死角とケアのジェンダー分析

目　次

序　章　息子という経験――なぜ息子介護を問うのか

本書は、息子としての男性とはどのような存在か、また、どのような存在として理解されているのかを、親を介護する男性（息子介護者）の経験を通して考察したものである。

英語で、男性が「誰かの父親であること（being a father）」を指す単語に *fatherhood* がある。この *fatherhood* は「誰かの父親である」という記述的な意味を超えて、「父親とは普通こういうものである（what fathers should be like）」という規範的な理解――父性と呼ばれるもの――を指す場合もある。それになぞらえて言えば、本書の主題はいわばその息子版であり、*fatherhood* に対応させて造語するならば *son-hood*（息子であること、および「息子性」）ということになるだろう。

この *son-hood* を検討するために、なぜ息子介護者の経験に着目するのかについては後述するとして、ここではまず、本書が息子としての男性を問う理由について述べておきたい。端的に言えば、成人した男性の息子としての経験が、これまでほとんど語られずにいるからである。息子としての男性の不在は、夫としての男性、父としての男性の経験や、あるいは娘としての女性の経験への注目と比較してみると、よくわかる。

例えば、近年、「男性の生きづらさ」が各種メディアで取り上げられている。そこでいう「生きづらさ」とは、多くの場合、あるべき夫像・父親像の実現を迫られることで男性が感じる重圧である。

現代におけるあるべき夫像・父親像は、いわば新旧の理想像のハイブリッドである。「イクメン」や「カジダン」がもてはやされるように、家事・育児を積極的に担うことが家庭における男性の望ましいあり方になりつつある一方、家族を養える経済力をもつことを一人前とする旧来の考え方から男性が自由になったわけではない。だが、長時間労働が慣行化した現在の就労システムでは、働きながら家事・育児に思うように携わることは容易ではない。また、非正規雇用の増加といった就労状況の不安定化にともなって、家族を養うどころか自活すら難しい男性も増えている。「男性の生きづらさ」とは、そのような就労条件・就労状況によって理想の実現が阻まれることにより、男性が直面するフラストレーションとして捉えられている（例えば多賀 2016：田中 2015)。

こうした「男性の生きづらさ」への注目は、理想的＝規範的な男性像から外れることを余儀なくされる男性の経験への関心だと言える。ジェンダー化された主体としての男性の経験を言語化することを男性学と呼ぶとすれば、この関心は、男性学的な関心と言ってよいだろう。

だが、男性学的な関心がアカデミアに限らず共有されつつある一方で、ここで注目を集める男性の経験とは、夫か父親としての経験（あるいは、夫や父親になれない経験）であることがわかるだろう。本書で取り上げる息子としての男性は、ほとんど取り上げられることがない。考えてみれば、これは不思議なことである。男性にとって息子であることは普遍的と言ってよいほどの経験である。夫や父親にならない男性はいるとしても、男性は男性である限り、ほぼ必ず息子として生きてきたに違いないからである。

息子不在の理由について、「おとなにとってまず気がかりな家族は、自分がつくる家族（＝生殖家族）の方だからだ」と説明する人もいるかもしれない。たしかに、これも一理あるように思える。結婚していない人が増えているのは事実だが、それでも今のところ日本では既婚者が多数派である。二〇一〇年における生涯未婚率（五〇歳時点で一度も結婚したことがない人の割合）は男性が二〇・一％、女性が一〇・六％だが（国立社会保障・人口問題研究所『人口統計資料集』）、逆に言えば、五〇歳までの間に男性の八割、女性の九割が結婚していることになる。

しかし、生殖家族の方が重要だから息子としての経験は関心事にならない、という説明は、女性たちが娘としての経験を次々に言語化してきたことを考えると、必ずしも的確とは言えない。例えば、母娘関係、特に、母親の存在を重苦しく感じる娘の経験を取り上げた書籍は増え続けている（例えば田房 2012；信田 2008）。親との関係について、その否定的な側面も含めて赤裸々に語る女性の声が聞こえてくるのに比べると、息子としての男性の声がいかに鳴りを潜めているかがわかるだろう。ちなみに、娘としての経験を語る女性には、自分がつくる家族がいないわけではない。それらの書籍に登場する娘たちのなかには、母の存在が夫との関係に侵食してくることへの苦悩を訴える女性もいるからである。女性によるこうした経験の言語化を考えれば、子どもや配偶者との関係が第一だからこそ子としての経験に目が向かない、という説明は適当とは言えないだろう。

息子としての経験は、取るに足らないものなのか

息子としての経験の不在は、何を意味するのだろうか。

ひとつの可能性として、それが当の男性にとって取るに足らないもの、敢えて注意を払うほどのものではないから、という推論もできるかもしれない。例えば、「男性の生きづらさ」として主に取り上げられる夫や父親として経験する重圧とは対照的に、息子として経験する重圧は、男性にはほとんどありえないのではないか、という可能性である。

だが、このような推論はおそらく妥当ではない。むしろ、息子として経験する重圧は、夫や父親として経験する重圧以上に大きくなる可能性すらある。それを示唆するのは、息子による親への虐待の多さである。要介護高齢者に対する家族による虐待の加害者のなかで、息子が占める割合は突出して多い（厚生労働省『平成二六年度高齢者虐待の防止、高齢者の養護者に対する支援等に関する法律に基づく対応状況等に関する調査結果』）。虐待加害者のツー・トップは息子と夫でどちらも「男性」だが、それでも、夫が占める割合（一九・六％）は息子のそれ（四〇・三％）の半分にも満たない。ちなみに、息子と同じ「子ども」である娘の割合（一七・一％）は夫よりもさらに少ない。端的に言って、加害者のなかの息子の割合は不自然なほどに多い。

要介護の親に向き合うという特定の状況における男性のありようから、息子一般について語るこ

とに違和感を覚える方もいるかもしれない。だが、ある意味ではこの状況以上に、男性が息子としての自分を意識せざるをえない状況は、ないといえる。

例えば、家族介護のミクロなプロセスを詳細に検討した研究の多くが一貫して指摘しているのは、介護経験の内実は、誰が・誰を介護しているのか、つまり介護する者・される者の続柄によって、大いに異なる、ということである（例えば笹谷 2008）。だとすれば、男性が要介護の親に向き合うとき（あるいは向き合わざるをえないとき）、そこで経験されているのは抽象的な家族介護などではない。それは、息子として親を介護する経験であり、それは例えば、同じ男性である夫が要介護の妻に向き合う経験とも、あるいは、同じ子どもである娘が要介護の親に向き合う経験とも、同じとはいえない。

要介護の親に向き合うという、息子として以外に経験しようのない経験の場で、男性が虐待加害者になりうる蓋然性が不自然なほどに高いとすれば、その経験は、当の男性にとって非常な軋轢をもたらすものである、とは言えないだろうか。その意味で、息子として経験する重圧は、取るに足らないものなどではないはずである。

息子という、向き合いたくない自分

息子としての経験の不在は、それが重要なものではないから、とはいえない。ひょっとするとそれは、男性が「息子としての自分」に向き合うことを避けているからではないか。

そのように考えるようになったのは、わたしが介護についての市民向けの講演を行うようになってからである。わたしの専門は男性による親の介護（息子介護）なので、講演の依頼もほとんどの場合、男性による介護と仕事の両立など、それに関連するものである。話題自体が男性に関するものであり、また、家族を介護する男性が増えていることから、親の介護に対して関心や不安を抱いている男性も少なくはないだろうという考えのもと、講演は仕事をしている男性でもできるだけ顔を出しやすい時間に開催されることが多い。しかし、実のところ、席を埋めるのはほとんどが女性である。経験的に言って、参加者に男性が占める割合は、多くても二割で、大抵はそれよりもずっと少ない。

男性がこうした講演を聴きに来ることがそもそも少ない、という可能性もあるかもしれない。だが、会場の関係者らに話をうかがってみると、一概にそういうわけでもないらしい。例えば、働きながら家事・育児に携わることを念頭に置いたワーク・ライフ・バランスをテーマにしたものであれば、参加する男性は少しずつ増えているようである。もちろん、講師であるわたしが絶望的に「男受け」が悪い、という可能性を割り引いても、講演のテーマによっては会場に顔を出す男性は決して少なくない、と言って間違いではないだろう。

ところで、わたしの講演に来る人のほとんどが女性であることは前述したが、大抵の場合、年齢層にも偏りがある。具体的に言えば、高齢の女性が圧倒的に多い。働き盛り年齢の男性を念頭に置いて、仕事と介護の両立をテーマとしているときでも参加者に高齢の女性が多いことを不思議に思って、わたしは講演後、参加者の女性とお話しする機会があると、「今日ここに来ようと思われたのはどうしてですか」と伺ったことが何度かある。そのときの答えは、ほとんどいつも、次のようなものである。

「わたしもそろそろ、介護が必要になってもおかしくない年ですから。うちは息子だけなもので、私の介護のことで、あの子たちにお願いする部分もきっと出てくると思うんです。そのときに、できるだけ息子たちに迷惑をかけないですむように、親として何をしてあげられるのか、まだ頭と体が動くうちに準備をしておきたいのでね。今日は、その考える材料が欲しくて来たんです。」

これらのことは、何を示唆しているといえるだろうか。

第一に、男性としての経験のなかには、当の男性にとって向き合いやすいものとそうでないものがあるのではないか、ということである。男性の参加者が増えているという講演の内容は、さきの「男性の生きづらさ」に直接関連するような内容である。つまり、男性は、夫や父親としての生き方についてであれば、それに向き合うことが比較的容易なのではないか。また、そうした講演を聴きに来ることができるほどには、それに向き合っている自分自身の姿をオープンにすることが心理的に可能なのではないか。

だが、息子として老いていく親に向き合うことは、必ずしもそうではないようだ。少子化によってきょうだい数は減り、他方、高齢者の数は増え続けている。そうした社会状況のもとで、自分が親の介護に携わらざるをえないのではないか、と感じている男性は少なくないはずである。にもかかわらず、親の老い・親の介護に関する男性の心づもりに関する講演であっても、当の男性（特に、その予備軍となる中年男性）がほとんど姿を現さないのは、「まだまだ先のこと」と心理的に距離をつくることで、その可能性を無意識のうちに否認しているか、あるいは、それに不安を抱えていたとしても、その姿を誰かに見せたくないからだとはいえないか。講演の場に姿を見せることは、息子として老いゆく親に向き合うことに何らかの関心や不安を抱いている自分を、他者の目にさらすことになるからである。つまり、ここから示唆されているのは、男性が息子としての自分に向き合うこと、そして、息子としての自分をオープンにすることは、男性としての経験のなかでも、ハードルの高い経験なのではないか、という可能性である。

第二に、男性が向き合うべき経験に当の男性が向き合おうとしないとき、そのしわ寄せを受けるのは女性である、ということである。息子から介護を受けることを予期して、そのための備えをしなければという思いで、わたしの講演に来る高齢の母親たちは、それを象徴している。息子に介護を受ける親の過半数は母親だから、息子から介護を受けることになるかもしれないという彼女たちの予期は正しいのだが、彼女たちは、そのための備えすらも自分で引き受けようとしている。

息子からの虐待の被害者もまた、その多くが母親である。息子としての自分に向き合わざるをえない経験としての親の介護、そこで直面する軋轢の大きさを示唆するのが、虐待加害者としての息子の多さであることは前述の通りだが、当の息子が、将来起こりうるその可能性を直視しようとしないがゆえに、男性が息子として経験しうる軋轢を見越して、それを縮減・解消しうる可能性を追求する責任は、母親が負うことになるのである。息子が虐待加害者にならないためには、息子ではなく母親が対策を講じておかなければいけないかのようだ。

ちなみに、そのほかの女性の参加者もまた、妻や姉妹など、親の介護をすることになるかもしれない男性の家族がほとんどである。彼女たちもまた、自分の夫、あるいは自分の兄弟が親の介護に携わる場合の心づもりや、どのように彼らを支えれば良いか、そのヒントを求めてここへ来た、と口を揃えて言っていた。息子として親に向き合う／向き合わざるをえない男性の困難を見越して、彼らが味わうであろう危機的状況への対処に向けていち早く動き出すのは、彼らを取り巻く女性たちである。あるいは、こうも言えるかもしれない。息子介護、すなわち、息子としての自分に向き合わざるをえない時が近づいてくる一方で、ぎりぎりまで他人事の姿勢を貫き続けたがるのは、当の男性たちである、と。

母親への見方におけるジェンダー差

息子としての自分に向き合うこと、息子としての経験をオープンにすることが、当の男性にとってできれば避けたい経験になるのは、なぜなのだろうか。この問いについて考えるために、ここでは若年世代の親との関係についての中西泰子（2009）の研究を参照したい。中西は、成人後の子どもたちが親との関係をどのように見ているか、ジェンダーの視点から分析している。成人の子どもを対象にした親との関係についての研究が、高齢期の親との関係を扱うものに偏っているなかで、中西の研究は、要介護状態になる前の親との関係——中期親子関係と呼ばれる時期（春日井 1996）——に焦点を当てている。この時期の子どもの視点に立った研究では、親子関係一般についての見方（長男が親の面倒を看るべきと考えているかどうか、など）がしばしば分析されているが（例えば西野 2001）、中西の研究のように、自分の親との関係に対する見方を扱っているものはほとんどない。また、前述の母娘関係への注目のように、親との関係に対する見方といえば、娘＝女性による語りにほぼ限られているなかで、中西は、娘と息子、両方の声を取り上げ、詳細な比較分析を行っている点で貴重である。息子の経験を主題とする本書が、中西の研究に恃むのはそのためである。

中西は、母親との関係についての自由記述の分析から、親との情緒的繋がりの捉え方にジェンダー差があることを発見する（2009：147-156）。中西によれば、男性にとって親との情緒的繋がりは、未成熟や依存を意味するものとして否定的に捉えられる。そのため、そうした繋がりから距離を置くことこそが、男性にとって成長や自立と見なされている。だが、女性の場合は必ずしもそうではない。女性が、自身の成長や自立の指標として意味づけるものには、親との情緒的繋がりを維持しつつ、それを再構成することが含まれているという。

中西は、この背景に、親をどのような存在と見なすかの違いがあると指摘する。男性は、母親を、子としての視点からしか見ていない。子としての自分にとって、母親は常に自分を気にかけ世話しようとする、ケアする存在である。母親との情緒的繋がりの維持は、母親のケアに依存し続けることとして意味づけられ、それゆえに、そうした繋がりから距離を置くことが、成長や自立として定義される。

だが、女性の場合、母親を見る視点は、そのような視点だけではない。そこには、母親を個人として見る視点が含まれている。例えば、子どもの自分が成人してからも世話を焼き続けようとする母親を、家族の世話をし続ける（し続けなければいけない）一人の女性として（も）理解し、評価する視点は、女性による母親の記述にしか見られない視点である、と中西はいう。

中西はここから、成長や自立に関する従来の発達概念が男性化している可能性を指摘する。親との情緒的繋がりを依存とし、親からの分離を自立とする発達観は、学術的にもほとんど常識的に用いられてきた。だが、そのような発達の枠組みのみで、成人後の親との関係の変化を語ろうとするのは、少なくとも中西の分析においては主に男性だった。成人後の親子関係についての女性の視点は、必ずしもこの枠組みには収まらないからである。

中西の分析が示唆しているのは、母親との関係において、ケアされる立場から降りようとしない男性の姿勢ではないだろうか。母親との情緒的繋がりを解消しなければ自立することはできない、と強迫的に考えるのは、そのような繋がりにおいて、自分は常にケアされる存在でいることを暗黙の前提にしているからである。ケアされる立場に留まるつもりがなければ、母親との情緒的な繋がり自体を敢えて解消しなくとも、自立は可能なはずだからである。事実、中西の分析において、女性たちが成長のしるしとして捉えていた、母親との情緒的な繋がりの再構成には、親に一方的に依存するのではない、親子間の新たな親密性を築くことが含まれていた。だが、男性の場合、繋がりの再構成を志向するどころか、繋がり自体を忌避しようとするのは、前述の通りである。

息子としての自分に向き合うこと、息子としての経験をオープンにすることが、男性にとってできれば避けたい経験になるのは、親からの分離のみを成長や自立と定義する発達概念に、当の男性自身が囚われ続けているからではないだろうか。依存的な存在であることを意味する（と当人たちが考えている）親との情緒的な繋がりが、自身の目にも他者の目にも映らないように、子としての自分をいわば亡き者にするのは、中西が分析した息子たちの声に見られたような、分離と等置された自立への自己強迫のゆえである。だが、分離しなければ自立できない、と強迫的に考えるのは、親と向き合ったときに、自分がケアされる存在に自動的になってしまうこと、依存的ではない形で親に向き合う自信がないことの裏返しである。事実、中西の分析でも、息子にとって母は常に自分をケアする存在であり、また、ケアする存在でしかなかった（2009：148–149）。

語りやすい「重い父」、語れない「重い母」

ところで、中西の分析において主に扱われていたのは母親との関係だが、男性の父親との関係にも同じことは言えるだろうか。

一つの可能性として、男性は父親との関係においては、情緒的繋がりを解消することに、母親との関係ほど躍起にならなくても済むのではないか、ということが考えられる。というのも、父子関係の研究が示唆しているように、息子と父親のあいだには、それと分かりやすい情緒的なやり取りが行われにくいからである（Floyd & Bowman 2006）。父子関係の専門家のなかには「情愛を直接的に伝え合わないことが、父・息子関係における情愛の表現方法である」と主張する者もいるが（Morman & Floyd 1999）、逆に言えば、表面的にはそれとは分からないところに、それを見出すという手間をかけなければ指し示すことができないほどに、父・息子の情緒的繋がりは分かりにくい、ということである。

だとすれば、父親との関係について触れることは、男性にとって相対的に容易なのではないか。依存と読み替えられるリスクがある（と当人たちが考える）情緒的繋がりが、父親との場合には、少なくとも分かりやすい形では認められないからである。成長した息子が父親の生き方に思いを馳せたり、父親を乗り越えることが息子の目標とされたりするなど、父親との関係をしばしば雄弁に語るのは、そのためかもしれない、と推測することもできる。しかも、こうした父親との物語は、自分が男性として父にいかに比肩しているかを語るものであり、言い換えれば、父親の庇護のもとにあるような依存的な存在ではないことを主張する機能すらある。

したがって、男性は、息子としてのあらゆる経験をオープンにできないわけではない。男性にとって語りにくい息子としての経験は、親との情緒的繋がりについてであり、そのなかでも母親との繋がりは、最も直截に語りにくい経験である。だが、繰り返しになるが、自立への自己強迫から男性が母親との関係から距離をとらざるをえないのは、母親と向き合ったとき、自分が甘え、依存する存在にならずに済む自信がないからである。それは、男性が母との関係からひたすら目を逸らし、語らないようにすることで自立を果たしたと思い込み、関係の再構成には真っ向から取り組んでこなかったツケでもある。中西の分析が示唆していたように、女性たちは、自分がただケアされる存在にはならない形で、母親との情緒的繫がりをいかに再構成できたかを成長や自立のしるしとしてきた。つまり、女性は、母親との関係を見ないように・語らないようにするのではなく、その関係に対峙し続けているということである。

そう考えてみれば、「母が重くてたまらない」（信田 2008）と訴えるのが、なぜ娘＝女性ばかりなのかがわかる。自分に対してケアする存在でい続けようとする母親――それは庇護し支配しようとする母親でもある――を前にして、女性たちはその関係がないもののように振る舞ったりするのではなく、その関係を何とか再構成できないか、と立ち向かってきたのである。そして、母親との関係にもがく自分の姿をさらけ出すことを厭うこともなかった。だからこそ、「母が重くてたまらない」という訴えは、女性の側からばかり聞こえるのだろう。

おそらく、息子＝男性のなかに「母が重くてたまらない」と喘いでいる者がいないわけではない。だが、母親と関わること、そして、母親と関わる自分を他者の目にさらすことを自立への抵触として強迫的に避けたがる男性は、「重い母」との関係や、それに煩わされている自分の姿をオープンにするわけにはいかない。夫や父としての「男性の生きづらさ」は語られても、息子としての重圧がオープンになる気配がないのは、偉大すぎる父という「重い父」との関係ならまだしも、自分に干渉し続けようとする「重い母」との関係など、「男性の生きづらさ」としては、口にするのも憚られるのだろう。結果的に、「母が重くてたまらない」のは女性だけであるかのように社会的には認識されることになる。

男性学による男性の構築

息子としての経験の不在は、息子としての自分に向き合い、息子としての経験をさらけ出すことに対する男性たちの忌避によるものである。それを忌避し続けなければいけないのは、男性たちが親と分離することだけを短絡的に自立と読み替えてきたからである。だが、分離することだけに躍起になってきた男性たちは、子の自分をひたすらケアされる存在にしてしまうような、幼少期以来の親との情緒的繋がりのあり方そのものを再構成してこなかった。

息子としての経験の不在は、男性学についても言える。男性であることのさまざまな経験、さまざまな困難について男性学は言語化してきたが、親との関係、なかでも成人後の母親との関係について率直に語る男性学は、ほとんどないに等しい。「母が重くてたまらない」息子のように、本来なら語られて然るべき息子としての経験が、男性学のなかにこれまで登場しなかったのは、男性であることを根源的に見つめ直すものであるはずの男性学でさえ手が出せないほどに、成人後の親との関係（とりわけ母親との関係）は、突かれたくないアキレス腱であることを示唆している。

あるいは、こうも言えるかもしれない。「息子であること」は、男性であることには含まれていないのだ、と。男性学が対象とする男性とは、親から分離することで、自分が息子であることを

「なかったこと」にしている男性であり、男性学が言語化してきた男性の経験とは、正しくは、(母)親との関係を「なかったこと」にしている男性の経験だったのではないか。息子としての男性の経験を視野の外に置くことで、男性学自体が、男性とは何か、あるいは、男性とは何であるべきかを取り決める、規範的な営みを行ってきたともいえる。

もはや息子介護者は少数派ではない

本書の対象は、親の老いに直面する息子、要介護の親を世話する息子であり、彼らが息子(としての)介護をどのように経験するかを考察している。前にも述べたように、家族介護は、誰が・誰を介護するのか、すなわち介護する者・される者の性別や続柄によって、その内実は大きく異なる。男性が親を介護するとき、その介護経験は、息子としての介護経験でしかありえず、要介護の親に向き合うことは、同時に息子としての自分に向き合うことでもある。

もちろん、男性による親の介護経験は、息子として経験しうるもののうちの、ごく一部に過ぎない。例えば、成人期における親との関係には、さきにも触れたように、中期親子関係と呼ばれる高齢になる以前の親との関係がある。息子介護をテーマとする本書は、そのような時期の息子を必然的に扱うことができない。だが、さきに指摘した通り、多くの男性は成人後、息子であることから長らく目を逸らしてきた——というより、「息子であること」から距離を置くことこそが、成長した男性であるかのように思い込んできた。したがって、中期親子関係に当たる時期は、男性が「息子であること」から距離を置き続けている時期であり、男性が「息子であること」に向き合わざるをえないのは、親が要介護状態になり、さらに、その介護を担うことを余儀なくされるときになってからではないか、とも考えられる。それは、男性にとって衝撃的な経験だろう。「子＝ケアされる存在」としての親との関わりを十分に再構成することなく、自立という名の分離によって、ひたすら「息子であること」から逃げてきた男性が、ケアする存在としての「息子であること」をいきなり求められる経験なのだから(1)。

ちなみに、この息子介護に直面するのは、限られた層の男性だけではない。息子介護者はまだ少数に留まっているとか、息子介護者になるのは一部の男性だけだとか理解する向きもあるようだが、そのような理解は、少なくとも国内の統計資料にもとづけば誤解である。

まず、息子介護者はもはや少数とは言えない。家族のなかで子世代が親世代を介護する場合、主介護者の続柄には、娘や義理の娘（＝「嫁」）などがあるが、息子が主介護者となっている高齢者の割合は、娘や嫁の割合と僅差になりつつある【図1】。例えば、厚生労働省の『平成二五年（二〇一三年）国民生活基礎調査』によると、主介護者が同居しているケースに限って言えば、娘、嫁の割合はそれぞれ一九・一％、一七・八％なのに対し、息子の割合は一六・三％である(2)。『国民生活基礎調査』は三年おきに介護に関する調査票（介護票）を加えているが、介護票が初めて加えられた二〇〇一年時点で最も多かったのは嫁で三一・〇％、対して娘と息子はそれぞれ一七・三％、一〇・七％であり、二〇一三年のデータと比べると一〇年余のあいだに介護の担い手が激変してい

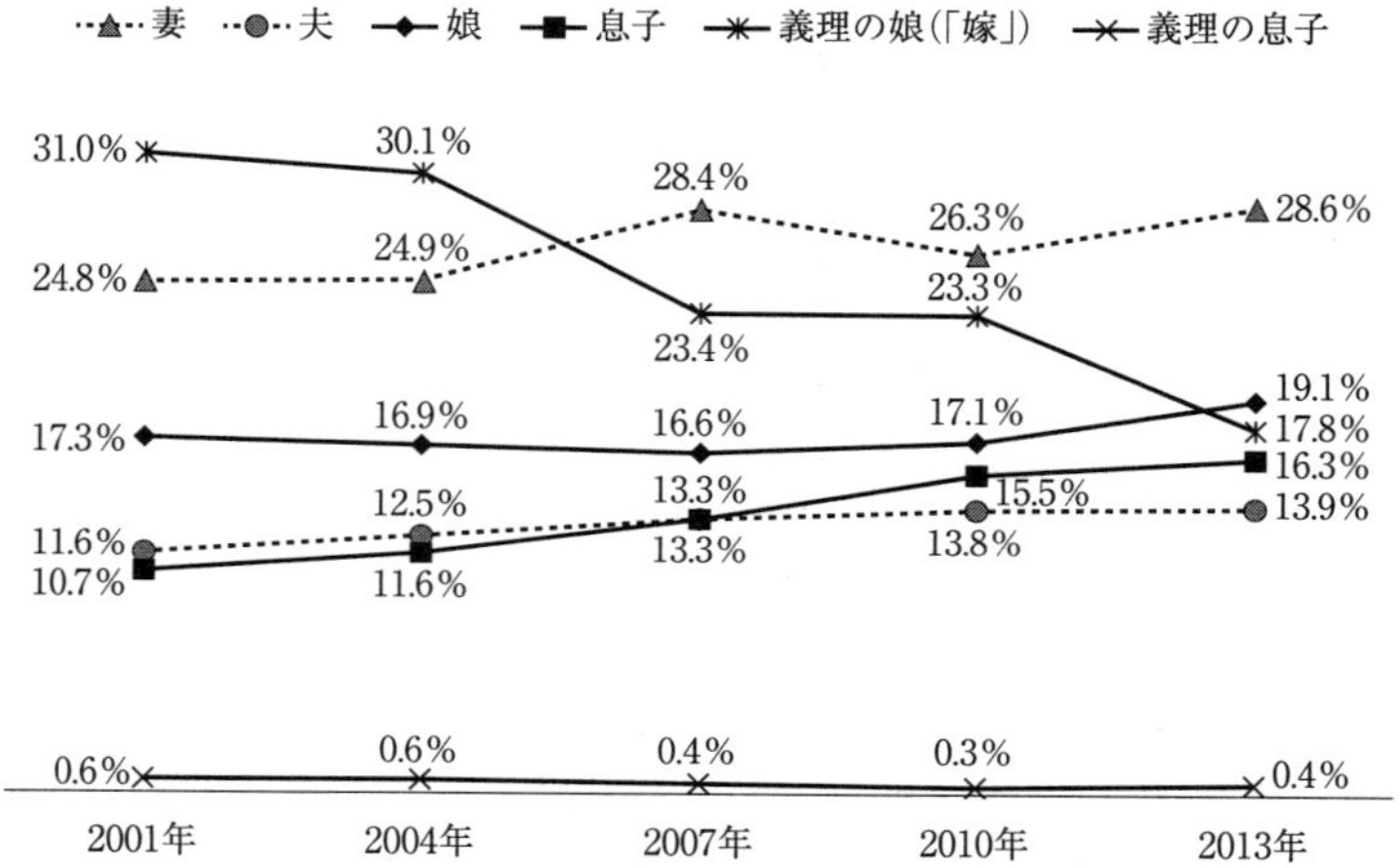

図１　同居の家族介護者：続柄の割合

（**出典**：厚生労働省「国民生活基礎調査」）

ることがわかる。なお、これらは同居介護の場合の割合だが、内閣府の『平成二八年（二〇一六年）版高齢社会白書』によれば、日本では、主介護者が同居している場合が全体の過半数（六割超）を占めており、したがって「主介護者＝息子」の相対的な割合は同居以外のケースを加えても大きくは変わらないと考えられる。

さらに、親の主介護者になる息子は、必ずしも特定の背景を有する息子に限らない。これまでの介護の担い手が主に嫁だったことから、息子介護者が増えた原因として独身男性の増加（＝嫁がいない男性の増加）がしばしば挙げられるが、息子介護者は、必ずしも独身男性に偏っているわけではない。例えば、全国国民健康保険診療施設協議会が行った二〇一二年の調査（『家族介護者の実態と支援方策に関する調査研究事業』）によると、男性の「老親介護者」[3]の五〇・〇%は有配偶者だと

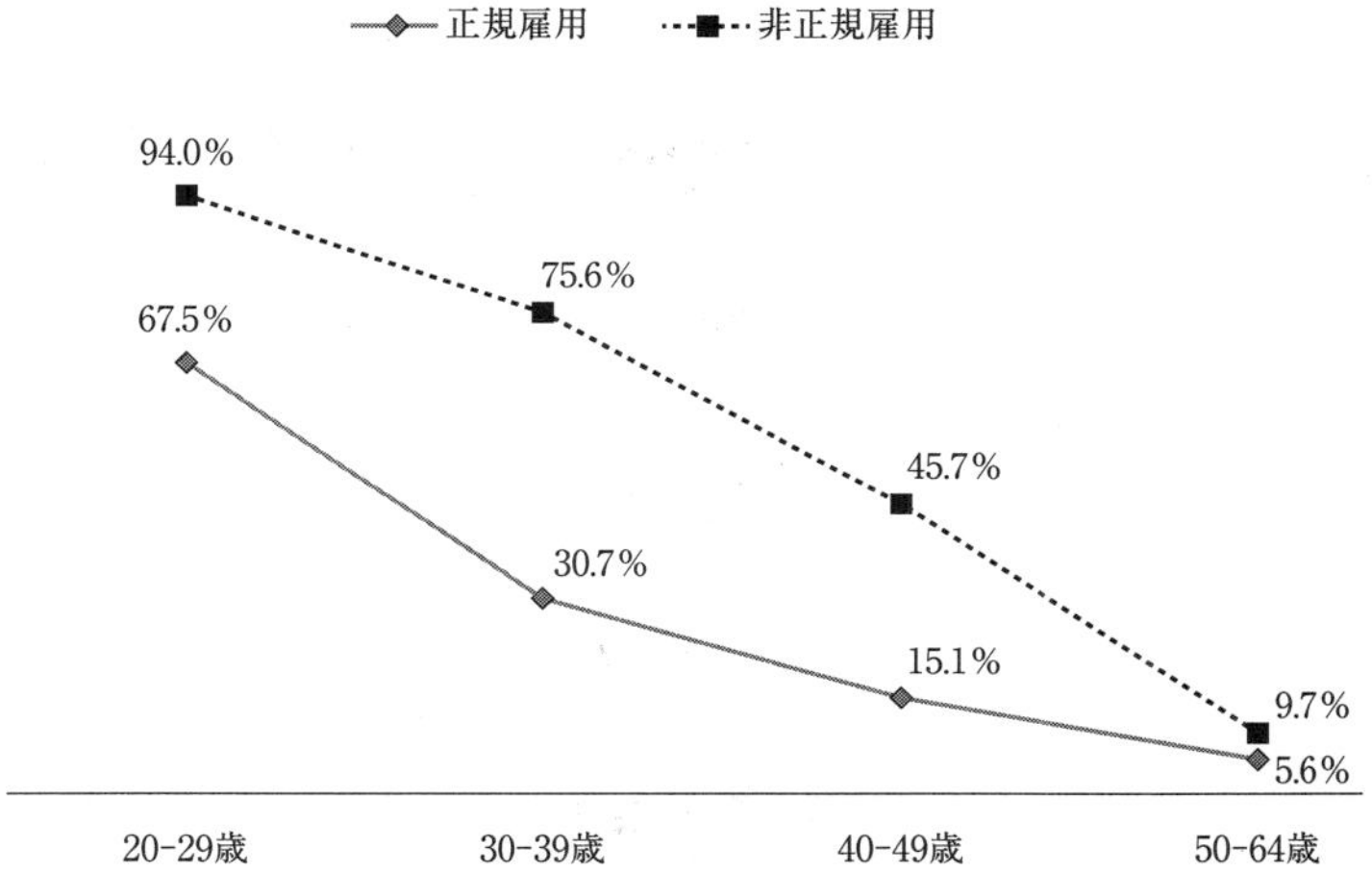

図2　雇用形態ごとの独身者割合（年齢層別）

（**出典**：厚生労働省『平成二二年社会保障を支える世代に関する意識等調査報告書』）

報告されている。それに対して一度も結婚したことがない「老親介護者」は二八・三％と、全体の四分の一強に留まっている。この結果が、日本国内の家族にどの程度一般化可能かどうかは検討の余地があるが、嫁がいない男性ばかりが親の介護者になっている、という理解は適当ではないように思える。

就労状況に関しては、息子介護者には非正規雇用や無職の中高年男性が少なくない、という指摘がある（春日2010）。経済的に不安定なこれらの男性は、独立して生活することが難しいために親元（実家）に留まり続け、その結果、親が要介護状態になった時になし崩し的に主介護者になる、というパターンである[4]。なお、このパターンに限って言えば、息子介護者に独身者が多い、という主張は当てはまる【図2】。雇用形態による婚姻率の違いは男性の場合に特

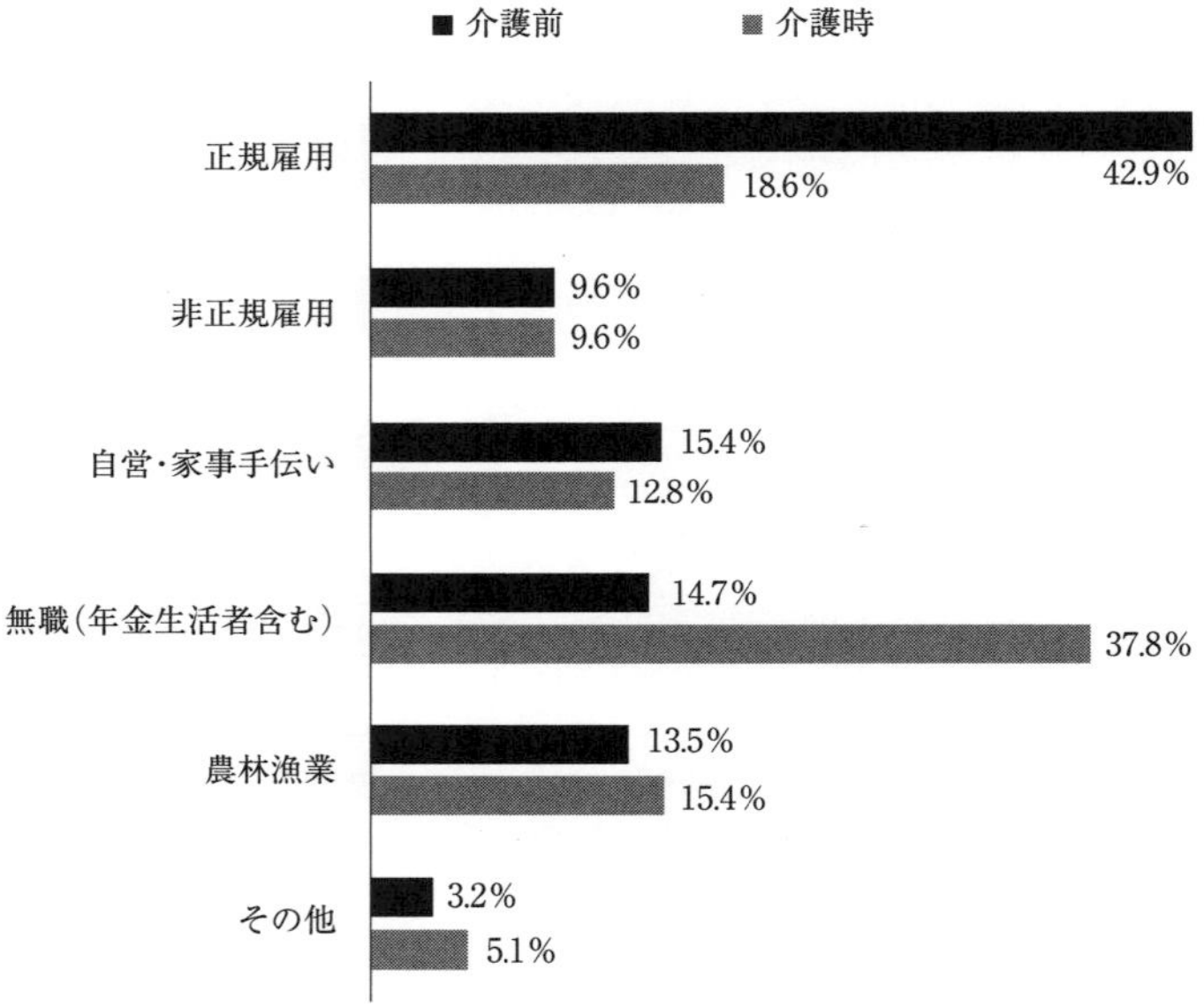

図３　息子介護者の就労状況：介護前と介護時の比較

（**出典**：全国国民健康保険診療施設協議会『男性介護者に対する支援のあり方に関する調査研究事業』）

に明確であり、一度も結婚していない男性の割合は、非正規雇用の場合、正規雇用の二倍から三倍に上るからだ。

　ただ、息子介護者になるのが就労不安定な息子ばかりかというと、それもまた実情にはそぐわない【図３】。再び全国国民健康保険診療施設協議会による二〇一一年の調査結果を引くと、たしかに息子介護者の就労状況を見れば、非正規雇用が九・六％、無職が三七・八％と全体の半分近い（ちなみに正規雇用は一八・六％である）。だが、同調査は、介護が始まる以前の彼らの就労状況についても調べており、それによれば、介護以前に正規雇用だった息子介護者の割合は四二・九％、非正規雇用が九・六％、無職が一四・七％となっている。つまり、少なくとも介護以前には、正規雇用の割合が多いのである。ちなみに、『平成二七（二〇一五）年版国民生活基礎調査』によると、三〇代から五〇代の男性において正規雇用は非正規雇用の四倍以上なので、息子介護者の介護前の正規・非正規の比は男性一般と大きく異なってはいない。

これらのデータを見る限り、子世代の介護者として、息子は決してごく少数とは言えないし、また、婚姻状況や就労状況において、特定の背景を有する男性だけが息子介護者になっている、というのも正確とは言えないことがわかるだろう。その意味で、自分は息子介護者にならない、と言い切れる男性は、いないとも考えられる。わたしの前著のタイトルが『迫りくる「息子介護」の時代』（平山 2014）なのも、そのためである。「『息子介護』の時代」とは、息子介護が増える時代とか、息子介護が主流になる時代という意味ではない。かつては主介護者になることがほとんど考えられなかった息子が、その背景属性に関わらず親の介護者になるのが一般的になるように、どんな子どもであっても親の介護から逃れられない時代が到来しつつある、というのが、その含意である。

もちろん、息子介護者になる男性の全員が、介護役割を予期し、それをすすんで引き受けているとは限らない。むしろ、自分の手で親を介護することなど想定もしていないまま、息子介護者になる男性の方が多いかもしれない。さらにいうと、その傾向は、結婚している男性に特に強いかもしれない。というのも、妻に自分の親を看てもらうという男性の期待は、必ずしも低くなっていないからである。例えば、先ほども引用した中西泰子（2009）は、若年世代の介護志向の調査から、独身男性よりも既婚男性の方が親を介護する意向を示しやすい、という逆説的な傾向を発見している。中西は、こうした結果を踏まえつつ、息子たちは依然として妻が「手伝って」くれることを前提に、親の介護に携わることを考えているのではないか、と指摘している（2009：106-111）。ただ、男性たちが親の介護をどのように考えていようと、嫁に介護役割を任せるという過去に優勢だった慣行は、成人のきょうだい数が多く、その誰もが結婚することが当然であった時代にしか成り立ちえない（5）（落合 2004）。少子化・高齢化の一途を辿る日本において「『息子介護』の時代」が覆される可能性は、ありえないのである。

本書の構成

本書は、息子介護者の見方・語られ方（息子介護者本人によるものも含めて）を題材として、それを成り立たせている前提としての「息子性（*son-hood*）」を検討するための五編の論考から成る。それぞれの論考はある程度独立しているため、収録順に読まなければ必ずしも内容を追えない構成にはなっていない。興味のあるものから読んでいただいて構わない。

第一章では、本書で採用するジェニファー・メイソンのケアの概念（Mason 1996）を検討し、それにもとづく息子介護への分析視角を提示した。メイソンは「感覚的活動（sentient activity）」という概念を導入して、個々の作業＝タスク（task）が他者の生存・生活を支えるものになるとき、そこでは作業の組織化や関係の調整というマネジメントが行われていることを明らかにした。また、ケアを物質的・文化的文脈に条件づけられた、与え手と受け手の個別的な関係として理解するよう主張し、与え手個人の属性や能力によってケアを説明・評価する理論を批判した。

メイソンの概念から本書が受け取った課題は二つある。第一に、息子が主介護者である場合、彼らの介護をケアとして成り立たせるマネジメントはどのように行われているのか（あるいは行われていないのか）という視角からの分析である。第二に、息子介護のあり方を与え手（＝息子）個人の属性や能力に還元せず、受け手（＝親）との相互作用として分析することである。例えば、息子介護のネガティブな帰結とされる親への虐待は、その被害者の多くが母親である。したがって、ケア能力の不足といった息子個人の要因でそれを説明するのでは不十分であり、男性（息子）から女性（母親）への暴力としてこれを考える必要がある。この「ジェンダー化された暴力を説明可能にする『息子性』とは何か」という問いは、第五章の主題となった。

第二章では、息子によるケアに関する実証研究の知見を手掛かりに、彼らのケア・スタイルが、老い衰える親に対するどのような見方を前提としているかを考察した。本章で検討しているのは、主に北米で行われた息子によるケアの調査研究だが、検討の際には、第一章で示唆された一つめの視点、すなわち、タスクをケアとして機能させるマネジメントがどのようになされているのか、という視点が軸となっている。

第二章の結論を先取りすれば、次の二点に集約される。第一に、息子によるケアはしばしば高齢者の自立の維持を目標に掲げているが、その目標には、社会的に承認されるべきなのは自立した個人のみ、という前提が置かれていること。第二に、そうした息子によるケアが破綻しないのは、主に女性の親族による「お膳立て（arrangement）」（＝第一章でいうマネジメント）が行われているからだということ。そして、そうした「お膳立て」が不可視化されることによって息子は、自律したケア提供者としての自身のありようを疑わずに済んでいる、ということである。

本章の執筆動機には、わたし自身の反省が含まれている。わたしは前著（平山 2014）のなかで、国外の研究でも指摘されており、わたし自身が国内で行った調査でも同様に見出された息子のケア・スタイル（親への手助けを最小限にすること）を、「ミニマムケア」として紹介した。刊行後、読者と直接話す機会がある度に気付かされたのは、この「ミニマムケア」が「よきもの」としてしばしば捉えられていること、さらには「女性も学ぶべきケアのしかた」とさえ思われていることもある、ということだった。決して少数とは思えない数の読者が「よきもの」として受け止めているのは、わたしの書き方に、そう思わせる何かがあったに違いないのだが、「ミニマムケア」をただ「よきもの」として広めてしまって良かったのか、という思いがあった。そこで本章では、その「ミニマムケア」も含め、息子によるケアの意味や効果を再検討したかったのである。

第三章では、介護者である息子たちが、「息子の自分が親を介護していること」をどのように理解し説明しているのか、そのような理解や説明はどのように可能になっているのかを検討した。その際、特に着目したのは、ケア役割を「女性のしごと」と位置づける構造のもとで、息子たちがいかにして親の介護を「息子の自分がすべきこと」「息子の自分に（こそ）できること」と語るのか（＝説明可能にしているのか）、ということである。

本章で指摘するのは、息子介護者が行う「説明可能にする実践としての doing gender（West & Zimmerman 1987）」は両義的である、ということである。一方でそれは、「ケアする役割を担うこと」と「息子／男性であること」の関係性を思わず知らず書き換え、言説構造を攪乱する契機になりうるものだが、他方でそれは、男性優位のジェンダー秩序を、高齢者介護の文脈のもとで再生産する可能性を胚胎していた。

第四章では、男性介護者によるセルフヘルプ・グループを取り上げた。介護する男性のサポート源として、同じ立場にある他の男性との交流の重要さがしばしば指摘されるが、当の息子介護者たちはそのような交流をどのように見ているのか。ここでは、グループから脱落した息子介護者や、参加を拒んでいる息子介護者の語りをもとに、セルフヘルプ・グループがしばしば前提とする「同じ男どうしだから分かり合える」というテーゼを批判的に検討した。

本章の分析が示唆するのは、そのようなグループが、介護を土俵とした「男らしさ」の競演《パフォーマンス》の場となる可能性である。セルフヘルプ・グループは、弱音を吐いてはいけないという「男らしさ」からの解放の機会を提供する場になると考えられている。だが、そうした「男らしさ」にとらわれた者にとっては、同輩男性の「介護でいかに苦しんでいるか」の告白が、「弱さの自己開示」ではなく、困難に立ち向かう「強さの自己呈示」として聞こえてしまう。脱落した息子介護者、参加を拒む息子介護者の語りが示していたのは、彼らにとってセルフヘルプ・グループは、むしろ「男らしさ」が試されているように感じる場になる可能性だった。

第五章は、第一章の考察から導かれた課題、すなわち、息子介護のネガティブな帰結とされる親への虐待について、それが主に男性（息子）から女性（母親）への暴力であるという事実を後景化させることなく説明する枠組みを提示することである。息子による虐待が多い要因としては、「男性と暴力性の結び付き」がしばしば指摘されるが、この結び付きは文脈超越的なものではない。本章で指摘するように、文脈によっては女性の暴力も女性性の現れとして、自然視されることもあるからである。本章では、息子が母親に「思わず」暴力を振るってしまう姿を自然視させることを可能にする、いわば文脈に埋め込まれた前提を、「息子性（*son-hood*）」の一側面として析出することを試みた。

本章の分析が示すのは、私的／内的なものに対する依存が、公的な場における自立に何ら抵触しないという男性の「欺瞞的自立」であり、私的なもの・内なるものへの依存を前提として構成された男性性こそが、介護生活において「思わず」親に手を上げてしまう息子を説明可能にしている、ということである。本章ではまた、なぜ父親は母親ほどには息子の虐待被害者にならないのかについて、フェミニスト老年学の知見を援用しつつ仮説を提示した。

「男らしさ」の追求――いかにして依存を隠蔽するか

本書の考察を通して浮かび上がってきたのは、男性は自立し自律した存在であることを求められている、という「男らしさ」の圧力への疑いである。

他者に依存することなく構え、自分の意思に従って潔く行動できること。そうした規範的な男性像にとらわれることにより、男性は他者と親密な関係を築けず、その心身を疲弊させている。また、男性に顕著に見られる依存症や高い自殺率という問題は、男性性の規範がもたらすネガティブな帰結であるとされる（Courtenay 2000；田中 2015）。それゆえに「男らしさ」からの解放は、男性学の主要なテーマであり続けている。

だが、そもそも男性に規範化されている自立・自律とは――ときに男性がそのプレッシャーから自身を滅ぼすほどの自立・自律とは――果たしていかほどの自立・自律なのだろうか。息子としての経験に焦点を当てた本書の考察が示唆するのは、「男らしさ」が目指す自立・自律とは虚構《フィクション》である、ということである。

例えば第二章で詳しく見るように、息子によるケアは、それ自体では必ずしもケアとしては成り立たない。息子によるケアが、ケアとして成り立っているように見えるのは、周囲の人びと（特に女性）による表立たない「お膳立て」があるからこそである。それらの「お膳立て」を「なかったこと」にする、つまり、介護とは直接関係のない副次的な活動にすることによって、彼らは、独力でケアしている（＝自立）と思うことができる。他方、「お膳立て」がなくなれば、直ちに問題が生じうるのが息子によるケアの特徴だとしても、実際には、その「お膳立て」が水面下で続けられている限り、息子たちが自身によるケアが孕む危うさに直面することはない。結果として、彼らは自信をもって、自らが良しと考えるケアのスタイルを貫徹する（＝自律）ことができる。

だが、男性は、常に既に依存的な存在である。それは「男らしい」男性も同様だし、むしろ「男らしさ」を追求するほど、その依存は巧妙に隠蔽される。第五章で指摘しているように、私的／内的なものへの依存は「男らしく」あることの暗黙の前提となっており、そうした依存を依存と見なさないことによって「男らしい」自立と自律は可能になっている。その意味で「男らしさ」の追求とは、「いかに依存しないか」ではなく、「依存をいかに依存として見せないか」というプロジェクトなのである。

そもそも男性性の規範が求める自立と自律は、女性への依存を当初から織り込んで成り立っている。フェミニズムは、自立し自律した（と考えられている）男性たちから成る公的領域が、私的領域において彼らの生を支える女性のケア労働なくしては成り立たないことを指摘してきた（上野1990）。同時にフェミニズムは、そうしたケア労働の価値が貶められていることを告発してきたが、「男らしさ」が依存の隠蔽によって達成されるものであると理解すれば、男性社会において、なぜケア労働がいつまでも正当に評価されないのか、その理由がわかる。自身の生を成り立たせるために誰もが依存せざるをえないのが他者からのケアだが、ケアのそうした意味を認めてしまえば、自立し自律した存在である（ということになっている）男性も根源的に依存的な存在である、という事実を隠しようがなくなるからだ。だからこそケアは、特殊な弱者だけが必要とするものとして、局所化・周縁化しておかなければいけなくなる。

だとすれば、自立と自律を求める「男らしさ」からの解放を勧める男性学は、ジェンダー規範の問い直しという見かけの姿勢とは裏腹に、主に女性が担っているケアを貶め続ける既存の構造を覆すものにはなりえない。男性性の規範における自立と自律を所与としている限り、それが依存――とりわけ私的領域における女性のケアへの依存――を無視して初めて成り立っているという、自立・自律の欺瞞性が問われることはないからだ。結果として、男性性の規範を実現したかのような自立した・自律できる主体は、誰にも依存していない存在であるかのように読み替えられ続けることになる。「男らしさ」の名の下に求められる自立と自律をまず批判的に問わない限り、男性学は「自立と自律のフィクション」を上塗りし、自立的で自律的な主体さえも実は依存し続けている（女性による）ケアを、「なかったこと」にする構造に加担し続けることになる。

さらにいえば「自立と自律のフィクション」は、自立的・自律的主体による依存を否認するだけにとどまらない。その主体が依存しているケアの提供者、その生を支えてきたはずの他者を、ひとりの個人として認めないことにもつながる。ケア提供者への依存が、他者への依存と見なされないとすれば、その他者は、自立的・自律的主体にとって、自分以外の個人という地位を認められないからだ。したがって、岡野八代（2012）が論じるように、自立的・自律的主体が安心して身を委ねられるような私的領域における愛情関係は、相手の人格を認めずに支配する関係へと転化する。そのような関係において「愛情として現象」しているものは「他者を自我の延長であるかのごとく扱い、抹消してしまうような衝動」（2012：208）だからである。

だとすれば、「男性は自立し自律した存在を目指すがゆえに、他者と親密な関係が築けない」という、前述の男性性による困難は訂正されなければいけない。男性が他者と関われないのは、自立・自律を目指すから、ではなく、私的領域において親密に関わる他者を、自分とは別の人格をもつ個人として認めていないから、である。いわば男性は、「他者と関われない」のではなく、「他者と関われない」のである。

自立的で自律的な主体である、という自己認識を維持するために、男性は、私的領域において自分が依存してきた他者の個人としての存在を、繰り返し否認してきた。男性のそうした否認の歴史の端緒にあり、男性によって、その個人としての存在を最初に抹消されたのが「（母）親という他者」である。

> 原初の他者である母は、かつてわたしの一部であったにすぎず、独立した存在となるために母から分離したことが強調されるとするならば、子は成長までに、自己の外部に存在する一個の人格としての他者に一度も出会っていないことになる。自らが生きるために必要とした他者は、あくまでわたしの一部であったにすぎず、そのことは、他者のおかげで成長し得たことを消去してしまう（岡野 2012：204）。

「自立と自律のフィクション」の解体を目指して

ジェンダー関係の変革に必要なのは、自立的で自律的な存在であることを求める「男らしさ」から、男性たちが「脱却する」ことではない。繰り返しになるが、「男らしさ」から「脱却する」ことが自立と自律の圧力から解放されることだとしてしまえば、逆に、男性性を十全に体現した最も「男らしい」男性は、誰にも依存していないかのように前提されてしまう。そこでは、「脱却する」以前から、男性は常に既に依存的な存在であったのだ、という事実が、ますます消え去ることになる。

男性たちに必要とされているのは、「自立と自律のフィクション」を解体することである。「男らしさ」の名の下に、男性たちが自立的で自律的だと観念してきたこと。それさえ体現していれば一人前でまっとうな存在であるかのように信じて疑わなかったこと。そして逆に、そうではない存在を貶め、侮り、依存的存在は自立し自律した者の庇護（＝支配）を受けるか、排除されても然るべきと考えてきたこと。それらすべてが、自身が常に既にしている多くの依存を「なかったこと」にして成り立っていることを、直視することである。そして、依存を「なかったこと」にし、自立性と自律性を捏造するために、個人としての存在を認めてこなかった他者――私的領域において依存してきた他者――に対し、自分とは別の人格をもつ個人として向き合い、関わることである。

男性が「息子であること」に向き合うことは、「自立と自律のフィクション」を解体する上で必然かつ必須のプロセスである。前述の通り、男性は「（息）子であること」と「依存的であること」

を等置し、「子であること」を意識せざるをえない親との関係から距離を置くことで、自立を確認（あるいは誤認）してきた。だが、「依存的であること」は、生涯のある時期だけに局所化できるものではない。むしろそのように局所化できると思うことこそが「自立と自律のフィクション」である。まったき非・依存がありえないとすれば、男性は、依存の具現化と見なす「子であること」と常にどこかで連続している。その連続性は、男性が「息子であること」に向き合わない限り、否定されたままだろう。

男性が「息子であること」をどのように経験するのか、という問いは、男性としての経験のたった一つの側面を探ることではない。男性は、男性である限り誰かの息子であるし、「子であること」に局所化し、過去のこととしようと試みてきた「依存的であること」から無縁でいられる時期は、男性が生を維持している／維持できている限り、一度もないのである。そういう意味では「（息）子であること」は、男性が男性として生きているあいだ、常にともにある経験である。そのような経験として「息子であること」の経験を問うこと――それは「『子であること』を後にした者こそが自立し自律した十全な男性である」という「自立と自律のフィクション」を覆すことであり、それを前提とした男性性に対する最も強力な異議申し立てになるはずである。

注

（1）　若者文化に詳しい原田曜平（2016）は、現在の一〇代・二〇代の男性に見られる変化として「ママっ子男子」が増えていると指摘する。原田によれば、「ママっ子男子」はファッションや恋愛、その他日常生活に関するさまざまな経験を母親と共有する関係を築いている。「ママっ子男子」は母親との「親密さ」をオープンにしている点では新しいかもしれないが、実のところ、「ケアされる存在」としてしか母親と関われない点では、これまでの息子とそれほど変わらない。原田は「ママっ子男子」と母親の関係を友人関係になぞらえるが、物質的および情緒的サポートは圧倒的に母親から「ママっ子男子」に流れており、友人関係を特徴づける対称性は感じられない（例えば、「ママっ子男子」は母親と外食や買い物をし、母親に恋人との関係についての相談もするようだが、少なくとも原田の報告を読む限り、「ママっ子男子」が費用を折半したり、母親の方が恋愛や夫婦の相談をしている様子はない）。事実、原田は現代の母と息子がこのような関係を築ける一つの要因に、経済的資源の非対称性（息子の世代の方が資源に乏しい）を挙げている（2016：193-196）。したがって「ママっ子男子」には、中西（2009）が母との関係についての娘の記述から見出したような、「ケアされる存在」にならない形で情緒的繋がりを再構成する、という志向は希薄である。「ママっ子男子」が新しい存在なのだとすれば、それは、「ケアされる存在」としての自分――従来の息子なら遠ざけたいと思う自分――をオープンにしている点のみであり、自分が「ケアされる存在」になることを前提としてしか母親との関わり方を知らないという点においては、格別な新しさはないように思える。「ママっ子男子」が「ママっ子男子」をいつまで続けるかはわからないが、母親との関係性が本質的に変わっていない以上、「ママっ子男子」が要介護の親に向き合うことは、これまでの息子に比べて容易になるとは思えない。むしろ、「ケアされる存在」としての自分を剥き出しにしている「ママっ子男子」の方が、（母親を）ケアする側にまわることの衝撃は大きいかもしれない。

（2）　ただし、義理の娘（嫁）に対応するはずの義理の息子（婿）が主介護者になっているケースは一％にも満たず、義理の親の介護におけるジェンダー非対称性には注意が必要である。日本では、嫁が主介護者である場合が長らく優勢だったため、嫁の割合が減り、息子の割合が増えてきたことをもって親の介護におけるジェンダー差が少なくなってきたかのようにしばしば語られる。だが、本来、嫁と比較すべきなのは婿の割合であり、婿の割合が嫁に近づかない限り、親世代の介護におけるジェンダー差が縮まったとは言えないだろう。

（3）この「老親介護者」には、義理の親を介護しているケース、すなわち婿介護者が含まれている。ただし、婿介護者の割合は一三・三％であり、「老親介護者」のほとんどは息子である。

（4）親が要介護状態になったときの物理的距離の近さ、特に、同居しているかどうかは、その子どもが親の主介護者になるかどうかに関わる強力な規定因であり、その効果は子どもが男性＝息子だからといって薄れるわけではない（例えばCampbell & Martin-Matthews 2000；Matthews 2002）。

（5）わたしたちが「昔からそうだった」ように感じている「介護は嫁のしごと」という「常識」は近代以前にはありえず、したがって歴史の浅い慣行であることは春日井典子の「介護の社会史」（春日井 2004：15-42）に詳しい。例えば、近世の武家において親の介護は息子の役割とされ、忠孝の精神のもと、老親介護は公務にも匹敵するしごとと考えられていたことや、武家の息子たちに向けた介護の実践的な指南書（現在でいうところのハウ・ツー本）があったことがわかっている（柳谷 2011：81-96）。

第一章　息子介護の分析視角——ケアにおけるマネジメント、関係としてのケア

本章の目的は、本書が参照するケア概念を敷衍し、そこから導かれる息子介護の分析視角を検討することにある。その手がかりとするのは、ジェニファー・メイソンによるケアの議論である（Mason 1996）。後述するようにメイソンは、これまでのケア概念のなかで必ずしも明確に定式化されてこなかった（が、それ抜きではケアが成り立ちえないと考えられる）側面に光を当てており、本書がメイソンの議論を参照する理由はそこにある。すなわち、その要素が、介護経験のジェンダー非対称性を説明する上で有用だからであり、また、息子介護への見方、とりわけ、その問題としてしばしば取り上げられる「息子による虐待」の典型的な説明（「ケアの経験・能力が不足している息子が多いから」）を再考することを可能にするからである。

ケアの二分法——「世話すること」と「気遣うこと」

ケアとはどのような営為だろうか。女性の経験を言語化してきたフェミニスト研究が指摘してきたのは、ケアすること（caring）は他者の生活および生存を支えることであり、非常な人手と負担

を要する骨の折れる労働であること、だが、その労働の多くは、私的領域でも公的領域でも女性に偏って担われていること、さらに、それが私的領域で行われる場合、支払われない労働（unpaid labor）になっていることだった（高齢者へのケアに関しては、例えばAbel 1991：Ungerson 1987）。

他方でそれらの研究は、「ケアすること」を単なる「しごと（work）」としてのみ捉えることにも否定的だった。フェミニスト研究者たちは、ケアを心理的な支えとしてのみ扱うことを批判しながらも、ケアすることには他者との情緒的な繋がりを形成・維持するという側面も確かにあることを指摘し、したがってケアすることには、①他者の生活・生存を支えるための、負担の多い労働としての側面と、②他者への共感や配慮といった対人感情としての側面の両方が含まれる、と主張した（例えばAbel 1990）。実際、国内でも引用されることの多い、イギリスのフェミニスト社会学者たちによるケア論集のタイトルは『ある愛の労働（A labour of love）』（Finch & Groves 1983）であり、そこに収められた論文は、労働の側面に当たる「世話すること（caring for）」と感情の側面に当たる「気遣うこと（caring about）」の二つを明確に区別しようとしている。

一九九〇年代の半ばに提出されたメイソンの論考は、労働と感情という側面から成ると概念化されたケアを批判的に検討するためのものである。彼女がそのなかで主張していることの一つは、労働と感情という二分法にとらわれている限り、他者の生活と生存を支えるために、多くの場合、女性が行っている活動の一部が不可視化されてしまう、というものである。メイソンは、そのような活動を「感覚的活動（sentient activity）」と呼ぶ。

「感覚的活動」とは何か

メイソンによれば「感覚的活動」とは、ケアが成り立つために必要な「感知すること（feeling）」「思考すること（thinking）」といった営為のことである。そこには、他者の状態・状況を注視したり、この他者にはいま何が必要かを見定めたりすること、また、その前提として、そもそもこの他者はどのような人物で、何を好み、何を好まないのかを理解することなどが含まれる。また、メイソンは「感覚的活動」のなかに、他者の生活・生存を支えるために、その他者の社会関係について思慮することも含めている。その例として、自分自身とその他者の関係（「この人にとって自分はどのような存在か」など）や、その他者とそれを取り巻く他の人々との関係（「この人は家族とどのように関わっているのか」など）を慮ったり、それらの関係の調整を試みたりすることを挙げている。

「感覚的活動」の意義を示している例としてメイソンが評価しているのは、子どもや他の家族に「ごはんをあげる（feeding）」ことについてのマージョリー・ディヴォートの分析である（DeVault 1991）。子どもに「ごはんをあげる」ことをケア労働として考えるとき、大抵の分析が焦点を当てるのは、料理をすることや、そのために必要な食材を調達することといった諸活動である（だからこそ、家族のなかにおけるケア労働の分担状況を分析するとき、焦点となるのは、家族のそれぞれが料理や買い物といった活動をどの程度の頻度で行っているかになる）。

だが、ディヴォートは、食材を調達し、料理するという活動が、子どもの生活・生存を支える営為、すなわちケア労働となるのは、それらの活動以上のこと——メイソンが「感覚的活動」と呼ぶもの——が行われているからだ、と指摘する。それは例えば、必要な栄養を摂れて、かつ子どもが嫌がらずに食べてくれるものは何か、と想像しつつ、店頭に並ぶもの、現在入手可能なものを考慮しながら具体的な献立のアイディアを練ること、などである。

また、子どもやその他の家族の生活パターン（ふつう何時頃に帰宅するか、など）を把握しつつ、全員にとってなるべく都合が良い時間帯に「ごはんをあげる」ことができるよう、作業を始める時間や進め方を調節することもある。さらにいえば、このように全員にとって都合の良いタイミングを見計らい、食事時に家族が揃うことを可能にできるよう試みる背景には、子どもが他の家族と一緒に過ごせる時間をなるべく設けられるように、という関係調整的な意図が存在する場合もある。「ごはんをあげる」ことが、子どもの生存を支えると同時に、子ども（と、子どもに関わる他の家族）の生活を支える営為、すなわちケアすることになるのは、社会関係の観点からの思慮と調整が働いているからである。

状態や状況を感知すること、それを踏まえて必要なものや人々の関係について思考することは、料理などの作業と異なり、文字通り、目に見えない（invisible）営為である。だからこそ、それを家族のなかで誰が行っているのか、ということや、そもそもそのような営為が行われていること自体、認識されていないことが多い。しかもそれは、そうした営為の恩恵に与っている家族だけでなく、それを行っている当人自身にすら認識されていない場合もしばしばある、とディヴォートは指摘する（DeVault 1991：55-57）。

だが、それをしている当人にすら認識されないことは、その営為が取るに足らないこと（trivial stuff）だとか、ケアという営為において副次的な要素であるということを意味しない。「感覚的活動」の重要性は、それが行われない、あるいは行われなくなった場合にこそ顕現し、「感覚的活動」の欠落はときにケアの破綻となってあらわれる、とメイソンは指摘する。

それを象徴的に示すのが、メイソンのインタビュー調査に参加した高齢の母親の例である（Mason 1996：28）。この母親は、しばらくのあいだ入院しており、退院はしているもののいまだ虚弱な状態にある。そんな彼女を困惑させているのは、彼女のケアに訪れる息子である。彼女の息子は母親を回復させようと、母親の家へ常にやってきては、栄養価の高いものを調理して食べさせようとする。だが、滋養に良いからと息子がせっせとつくってくれる肉料理などは、高齢の、身体機能が低下した母親にとって、決して食べやすいものではない。また、母親は昔からそういう料理が好みではないことを、インタビューのなかで打ち明けている。結果的に、彼女は息子の「献身」にも関わらず、というよりも、むしろその「献身」のせいで食が細くなり、ますます弱っていく。そして、それを目の当たりにした息子は、母親に栄養をつけさせることにますます熱心になっていく、という悪循環が起こるのである。

高齢の親へのケアについての計量的な研究――「科学的」であり、その結果は「エビデンスに基づく（evidence-based）」と価値づけられた統計的分析にもとづく研究――のなかでは、この息子は「よく親をケアしている」と判断されることだろう。計量的なケア研究で焦点となるのは、どの程度の頻度で、どのような種類の活動に従事しているか、という点だからである（例えばCampbell & Martin-Matthews 2003；Gerstel & Gallagher 2001）。母親の家に足繁く通う息子は、頻度という基準において「優れた」介護者に違いない。また、彼が最も熱心に行っている料理は、介護者調査などによると男性が最も不得手とする活動とされており（全国健康保険診療施設協議会 2011）、休日の趣味というレベルではなく、毎日の家族のための食事というレベルで料理に従事する彼のような男性は、行っている活動の種類、可能な活動の種類という点でも「優れた」例だろう。

だが、活動の頻度や種類という点では「優れた」息子が、つまり、計量的な研究では「よく親をケアしている」と判断される息子がしていることが、実際にケアになっているかどうかは別の問題である。彼は、「病後の栄養補給が重要」という一般則のもと、メイソンが疑問視する「労働と感情」の二分法の前者、すなわち「世話すること」には熱心な一方で、母親の個別的な状態・状況や嗜好への感知や思考が欠落していたがゆえに、この母親へのケアとしては破綻してしまっているからである。

「世話すること」に専心するあまり、ケアとしては破綻してしまう、という事態は、メイソンが「感覚的活動」の一つのあり方として挙げていた社会関係の調整という側面についても起こりうる。

例えば、家族介護者、とりわけ男性の介護者に顕著に見られる傾向として、高齢者に必要な介護をすべて自分ひとりで行おうとする抱え込みが指摘されている（Carpenter & Miller 2002；全国国民健康保険診療施設協議会 2011）。この場合、彼らは「世話すること」においては明らかに熱心なのだが、自分以外の人間の関与と介入を遠ざけることにより、彼ら自身だけでなく、彼らに世話されている高齢者の孤立をも招く。要介護状態の高齢者は、身体的・認知的機能の低下により、自分自身の力だけで他者との関わりや交流を維持することが難しいのだから、介護者である彼らが外部の人々を一方的に遠ざけてしまえば、その被介護者である高齢者は、ときに自身の意に反して社会関係を縮減・遮断せざるをえなくなる。

自分の世話に携わる人間が、たった一人の家族に限定されることは、依存先がその人以外にいない、という不安定な状態を意味するから、そのとき、被介護者の生活維持・生存の可能性は著しく脅かされることになる。つまり、ケアが他者の生活・生存を支える営為だとすれば、「世話すること」を一人が抱え込むことは、その世話のケアとしての機能を低下ないし停止させることになるだろう。その意味で、子どもや高齢者などの世話に携わる者が、その世話に自分以外の人間の関与を要求すること（例えば、母親が父親の育児参加を求めることや、親の介護へのきょうだいの分担を求めることなど）は、ケアを成り立たせ、存続させるための必須の働きかけだと言える。そのような要求は、世話に携わる者が自分自身への助けを求めているだけでなく、世話を受ける者にとっての依存先を増やし、より広いサポート・ネットワークのなかに包摂させることによって、受け手の生活・生存の可能性を拡げることを求める意味もあるからだ。逆に、そのような要求が聞き届けられず、世話する者がたった一人でそれを行わざるをえない状況に置かれてしまうのならば、それは、ケアそのものの成立を周囲が阻害していることと同じである。

マネジメントとしての「感覚的活動」——二分法からこぼれ落ちるもの

メイソンが「感覚的活動」と呼ぶものは、「世話すること」を意味する個々の作業＝タスク（task）が、他者の生活と生存を支えるケアとして機能するための、いわばマネジメント（management）に相当すると考えてよいだろう。

他者の状況・状態や嗜好・志向、その他者と自分の間柄や関係性を鑑みた上で、自分がその他者に対して行ってもよい作業、行うべき作業について思いをめぐらすこと。

それが首尾よく行われるように状況を設定したり、順序やタイミングを考えて作業を編成すること。

その作業によって、あるいは、その作業を通して、その他者と周囲の人々との関係が維持されるよう、調整すること。

それらはみな、マネジメントの意味で行われている「感覚的活動」である。個々の具体的な作業は「世話すること」においてもちろん不可欠な要素だが、それらの作業が組織され、ケアとしての機能を果たしているとき、潜在的に、だが確実に誰かによって、これらのマネジメントが行われていることを、メイソンは描き出そうとしたのである。繰り返しになるが、マネジメントはそれを行っている当人にすら意識されていないことが多い。むしろ、マネジメントの結果として個々の作業がケアとして機能している場合の方が、それらは不可視化される傾向にある（DeVault 1991：57）。

メイソンは、「労働と感情」の二分法にもとづくケアの概念では、「感覚的活動」を可視化し、その意義を示すことは難しい、と指摘する（Mason 1996：17）。メイソンは、「感覚的活動」が観察や推論などをともなう、ときに厄介なしごとであることを認めつつも、それを直ちに労働の一部に括りこんでしまうことに慎重である。というのも、ケアにおける労働としての側面を考える際、慣習的に使われてきたのは、肉体労働や感情労働という分類であり、そうした分類のもとではマネジメントとしての「感覚的活動」が捉えきれないからである。

まず、感知や思考は、明らかに肉体労働ではない。しかし、かといって感情労働とも異なる。感情労働は、その状況で求められ、適切だとされている表情や振る舞いを見せられるよう、感情を管理することだと考えられているが（Hochschild 1983）、「感覚的活動」は観察されない活動、すなわち、見せようのない活動だからである。むしろ、相手と自分の関係性のもとで、今どのような作業が求められているのかを感知することが「感覚的活動」だとすれば、「感覚的活動」は感情労働の前に行われているとも言えるだろう。ただし、適切な振る舞いを感知した上で、それを敢えて無視する（つまり、感情労働に必要な感情管理を行わない）という選択肢もありうるのだから、「感覚的活動」の実行が直ちに「感情労働」になるわけではない。

なお、メイソンは言及していないものの、「感覚的活動」は、労働の分類としてしばしば使われる知的労働にも該当しないと考えられる。知的労働は、思考・思索の結果として示されたアイディアがそのアウトカムとなる。したがって、知的労働が仮にケアなのだとすれば、練り出されたアイディア自体がケアということになるだろう。だが、「感覚的活動」における思考は、それ自体がケアになるわけではない。「感覚的活動」は、個々の作業がケアというアウトカムになるように組織・編成する、いわば「お膳立て」としての営為だからである。

他方、「労働と感情」の二分法のもう一つの側面、すなわち、感情もまた「感覚的活動」とは相容れない、とメイソンは主張する（Mason 1996：30）。その最大の理由は、「感覚的活動」自体が、そもそも何らかの感情を必要としているわけではないからである。

「労働と感情」という二分法的なケアの理解のもとで、ケアに関わる代表的な感情として取り上げられるのは愛情（love）という特定の、かつポジティブな（と考えられている）感情である（だからこそ、前述のように、イギリスのフェミニスト社会学者たちによるケアに関する論集のタイトルは「ある愛の労働（A labour of love）」になっていたのである）。

だが、他者の状況・状態の理解や関係性の調整といった「感覚的活動」を真に支えているのは、愛情のような感情ではない。それを支えているのは、むしろ、しばしば感情と対置されさえするような理知的な営為（例えば、観察や推論）である。「感覚的活動」は必ずしも愛情がなくても可能だし、逆に、「感覚的活動」が不首尾に終わり、それゆえケアがうまくいかなかったとしても、それは必ずしも愛情の不在を示すわけではない。ゆえにメイソンは、「感覚的活動」が目に見えない営為、いわば、心のなかの営為だとしても、そのような心のなかで行われる営為を「愛情」のような特定の感情に直ちに繋げるケアの理解は、不適切だと論じる（Mason 1996：30）。

関係としてのケア

「感覚的活動」は、他者の生活・生存を支える営為に携わる者によって、能動的に行われるものである。思考することはもちろん、感知することでさえも、受け身的に何かを感じるのではなく、感覚を動員し、過去の経験との類似性に気付くことで（直感的に）何かを把握する活動である。その意味でそれは、受動的にさせられるものではない。なお、「感覚的活動」の原語は「sentient activity」だが、メイソンがここで「思慮深い（sensible）」ではなく「感覚的に理解する（sentient）」という単語を用いているのは、必ずしも熟考に基づかない状況理解・状態把握の営為を含めるためである。

メイソンは、この活動が、試行錯誤の繰り返しや経験の積み重ね、および意図的・非意図的な訓練によって、上手く行えるようになる種類のものであることを認める。だが、だからといってメイソンは、「感覚的活動」を個人の保有する特性や能力という観点から理解することを拒否する。その理由は、メイソンがケアを、与え手と受け手の相互作用からなる営為として概念化しようとしているからである。端的に言えば、メイソンにとって、ケアとは「関係」なのである（Mason 1996：23–26）。ケアすること（caring）は与え手の行為だが、そこでどのようなケア（care）が成り立ちうるかは、与え手と受け手の組み合わせによる、ということである（それゆえ、メイソンは論文のなかで caring と care を明確に使い分けている）。また、両者の関係は、物質的・文化的文脈によって条件づけられてもいる。他者の生活・生存を支えるにはモノ・カネといった物質的資源が必要だし、何が「適切なケア」になりうるかは、当該社会の知識や規範にも左右されるからである。

他者（受け手）の生活・生存を支えるという営みが仮に首尾よく行われたとしても、それを与え手の特性や能力によって説明してしまうことは、第一に、「汎用性のあるケア特性・ケア能力」を仮構することによって、ケア関係を規定している受け手の存在を、個性のない「ケア受容体」に矮小化し、第二に、両者の関係を条件づけている構造的文脈を無視して、そこで行われていること・行われうることを、すべて与え手個人に帰属ないし帰責する効果がある。

もちろん、他者を世話する経験の蓄積は、ケア関係を築く上で有利に働くことはあるだろう。例えば、他者の状態やニーズを推し量るために参照できる過去の経験という「引き出し」が増える、ということはありうるかもしれない。だが、状態の現れ方、嗜好や志向の表出のしかたが受け手によって異なるのだとすれば、誰に対しても直ちに適用可能な万能の「引き出し」はありえないだろう。

また、「引き出し」を用いて相手の要求を感知するには、いわゆる心の余裕が必要だが、その心の余裕は、どのような他者に対して、どのような状況のもとで向き合うかによって影響や制約を受ける。例えば、認知機能が低下し、意思疎通が難しくなっている高齢者のニーズを理解するには、そうではない高齢者と接する場合よりも時間的資源が必要だろう。まして、その高齢者が長年ともに過ごしてきた相手ではなく、個人的にそれまでに関わりのなかった相手であれば、相手の求めるものを理解する手がかりは更に限られる。そのような高齢者を、短時間に、複数名まとめて世話することを迫られれば、どれだけ「引き出し」を持ち合わせていたとしても、それを駆使する心の余裕はなくなるだろう。つまり、この状況を処理できるかどうかは、能力（ability）という個人属性の問題ではなく、むしろ物理的条件に規定された実現可能性（feasibility）の問題なのである。

メイソンの議論の要点は、「感覚的活動」がどのように行われうるかは、それぞれのケア関係に埋め込まれている、ということだ。相手の状況・状態や嗜好・志向に対する感知や思考は、その都度、物質的・文化的制約のもとで行われるし、また、それがいかに行われるか、それをどのように行いうるかは、与え手と受け手の個別的な関係の歴史にもよる。つまり、過去にどれだけの関わりがあって、互いにどのような立場で、どのような関係性を築いてきたのか、ということも、状況・状態や嗜好・志向を理解できる可能性を左右する。例えば、自分の子どものニーズを察知することができる親が、他の子どもにも同じことができると無条件に想定したり、まして、それを期待したり要求することはできない。それぞれの子どものニーズは、「子ども」というカテゴリで一括りにできるほど一様ではない。また、何を手がかりに、どのようにその子どものニーズを理解するか、という「感覚的活動」のしかたは、その親が、その子どもとの関わりのなかで、いわば仕様を定められた形で、編み出してきたものだからである。

個々の関係を超越した汎用的なケア能力・ケア特性を措定することは、文脈に条件づけられた歴史をもつ関係としてケアを理解すること、すなわちケアという営為の個別性と関係性に目を向けた概念化の方向とは相容れない。だからこそ、メイソンは「感覚的活動」の行い方・行われ方を、能力や特性といった要因から説明することを、つまり、世話に携わる個人に還元して説明することを、注意深く避けようとするのである。

フェミニスト心理学、フェミニスト倫理学におけるケア概念への批判

メイソンがケアをそのように概念化しようとするとき、彼女の念頭にあり、また批判の対象となっているのは、心理学や倫理学におけるフェミニスト・ケア論、具体的にはキャロル・ギリガンの「ケアの倫理（ethics of care）」（Gilligan 1982）やサラ・ルディックの「母的思考（maternal thinking）」（Ruddick 1989）、そしてジョアン・トロントによる「ケアすること（caring）」の概念（Tronto 1993）である。

メイソンはまず、彼女たちのケア論に「感覚的活動」と通底する点を認める（Mason 1996：19）。それは、これらのケア論が「労働と感情」という二分法では捉えられない営為、すなわち感知や思考を「ケアすること」の重要な側面として組み込んでいる点である。例えば、ギリガンの「ケアの倫理」は、他者のニーズや他者との関係性を思慮しながら行われる、（大抵の場合、女性が発達させるとされる）道徳的判断のプロセスを理論化したものだし、ルディックの「母的思考」は、（母）親が子どもを世話するなかで発達し、また、その世話のしかたに関わる要素としての関与や思考の様式を指す。また、トロントは「ケアすること」には四つのプロセスが含まれるとして、その一つは「注視すること（caring about）」、すなわち、他者の生存や幸福（well-being）を左右するものは何か

を見定め、それに注意を払うことだとしている。

だが、メイソンはこれらのケア論が、世話に携わる者の能力や特性に還元してケアのあり方を説明していること、そして、受け手とともに構成される関係としてケアが概念化されていないことを批判する。

例えば、ギリガンやルディックの場合は、女性に顕著な判断のしかた、思考のしかたが、他者との間に情緒的なケアの関係を成立させる、とする。ここでは、ケアする側の要因だけで他者との関係が決まることが想定されており、さらにいえば、女性であれば誰でも同じように他者の世話に携わることが含意されている。ギリガンもルディックも、彼女たちが概念化した道徳的判断や母的思考が、本質的・生来的に女性に固有のものだというわけではない、と主張するが、メイソンがいうように、これらの概念をもとにして、ケアの経験や関係における女性間の差異をどのように説明できるのかは不明である（Mason 1996：20）。

他方、トロントについてメイソンは、「ケアすること」が目に見える作業に限らない多相的な（multifaceted）営為であることを明らかにした点を評価しつつも、そこではケアの受け手がひたすら受け身の存在であるかのように扱われていることを批判する（Mason 1996：22）。トロントによって提示された「ケアすること」のプロセスの一つは「ケアの受領（care-receiving）」であり、このプロセスは、ケアの与え手が、自分の提供したものに対する受け手の反応を認識することとして定義されている（Tronto 1993：127-134）。これは、受け手が、反応という形で与えられたケアを評価すること、および、それによって与え手と受け手の関係が影響を受けること（とりわけ、与え手が提供したものに対する受け手の否定的な反応が、両者のあいだに軋轢を起こすこと）を、「ケアすること」に含まれる一つのプロセスとして提示したものである。

だが、ケアの受け手は、与え手に対して反応という形でのみ自らの意思（例えば、ニーズが自分の求める形で満たされていないこと、など）を伝えるわけではない。言語的であれ、非言語的であれ、自分のニーズを積極的に訴え、与え手からケアを引き出すこともあるし、受け手から呼びかけられる形で両者のケア関係が築かれることもあるだろう。そう考えてみれば、与え手と受け手の関係を、受け手の反応によってのみ説明する「ケアの受領」の概念は、トロントがケアの関係を「まず与え手ありき」で理解していることを示唆している。

メイソンがトロントに対して最も問題視しているのは、彼女が「ケアすること」を概念化する際、その対象は国家から環境、政治に至るまで、ヒト・モノ・コトのすべてに拡張できる、としたことである（Mason 1996：22）。そのような拡張が可能になるのは、相手が誰であれ何であれ「ケアする」という経験は常に同じである、という前提を置くからだ。だが、前述のように、ケアは特定の他者との歴史をもった関係のなかで、物質的・文化的条件に左右されながら成立する、きわめて個別的な営為である。その意味で、必ずしもどれも同じとはいえないケアの関係から個別の差異を削ぎ落とし、抽象化したものだけを「ケアすること」と定義することは、結局のところ「分母の最小公倍数にすぎないもの（only the lowest common denominator）」（Mason 1996：22）――これは「最もレベルの低いところで共通化してみたもの」を意味し、慣用的には「知的な意味で最も面白みにかけるもの」を暗に指す英語である――にならざるをえないのではないか、とメイソンはいう。結果的にトロントの概念は、個別的で関係的な営為としてのケアを分析するための枠組みにはならない、と指摘する。

小括：メイソンのケア論と「感覚的活動」

メイソンの議論をまとめよう。メイソンが「感覚的活動」という概念を提案したのは、「世話すること」という物質的な労働が、他者の生活・生存を支えるケアとなるために、そこで潜在的に行われているマネジメントないしは「お膳立て」を可視化するためだった。そのマネジメントに含まれるのは、他者の状態や状況、嗜好などを把握した上で、他者の世話となる個々の作業を組織・編成することだったり、そうした作業を通して、他者を社会関係に組み込み、その関係がうまくまわるよう調整したりすることなどである。

もちろん、これらの営為が、これまでのケアの概念化の際に取り上げられてこなかったわけではない。例えば、相手のニーズを感知することなどは、ケアの理論においても、ケアの実践においても、当たり前のように言われてきたことだろう。だが一方で、相手のニーズを汲むことは――とりわけ私的な領域でのケアにおいては――相手への愛情や共感などの情緒的な用語で語られがちである（例えば、「良い子育て」に関する夥しい言説を思い浮かべてみれば良い）。これに対してメイソンは、

「感覚的活動」の実行に必要な特定の感情はありえないこと、それはむしろ、構造的文脈に条件づけられながら行われる知的な営為であることを提示したのである。

他方、メイソンは、知的な営為としての「感覚的活動」を、個人の能力（「ケア能力」）の現れと見なすことを否定する。その理由は、メイソンが、ケアを与え手と受け手のあいだに成立するもの、すなわち、関係として定義しているからである。与え手と受け手の現在のケア関係は、両者のこれまでの関係の歴史や、それを規定してきた物質的・文化的文脈など、多くの与件の上に成り立っており、与え手がそのなかでどのように「感覚的活動」を行っているか、あるいは行うことができるのかは、受け手との個別的な関係を離れては説明できない。そうした個別性を超越した、汎用的な「ケア能力」という概念は、関係としてのケア、とりわけ受け手の存在を軽視した場合にこそ成り立つものだとメイソンは指摘する。だからこそメイソンは、ギリガンやルディック、トロントのケアの理論のなかに、与え手個人に還元して説明しようとする兆候を見出すとき、それを厳しく批判するのである。

マネジメントにおけるジェンダー不均衡——見落とされてきたケア負担

メイソンの議論をここまで敷衍してきたのは、冒頭でも触れた通り、それが息子介護のあり方を理解するために必要な分析視角、これまでの研究のなかで十分に組み込まれてこなかったと考えられる分析視角を示唆してくれるからである。とりわけ、メイソンが概念化したケアにおけるマネジメントと、彼女が提起した「ケア能力」への批判は、息子介護を分析するための具体的な問いを立てる上で役立つ。

まず、「感覚的活動」を通じたマネジメントが、息子介護のなかでどのように行われているのか、という問いである。ケアとジェンダーの問題系、とりわけ、ケアに関わる負担のジェンダー不平等が焦点になる場合、このマネジメント部分が明確に検討されてきたとは言い難い。多くの場合、そこで検討されているのは「労働と感情」の二分法でいうところの労働に当たるもの、つまり、作業としての「世話すること」を、誰がどれだけ担っているか、という点についての男女差であるように思われる。それが最も顕著なのが計量的な分析であり、ケア労働と目されている個々の作業（家事にあたるもの、子どもの世話にあたるもの、など）に関して、日常的に行っている作業の種類や頻度を男女で比較する研究は、国内・国外を問わず数多く行われている。

だが、メイソンが指摘しているように、「世話すること」と「感覚的活動」はそれぞれ独立した営為である。つまり、個々の作業としての世話を行っている人間（あるいは行える人間）が、マネジメントも行っている（あるいは行える）とは限らない。実際、メイソンが例として挙げていた、退院後の虚弱な母親を看る息子のように、「感覚的活動」をほとんど行わない（行えない）ままでも、相手を「世話すること」は可能だからである。

重要なことは、「世話すること」がケアとして機能するかどうかは、マネジメントにかかっている点である。個々の作業としての世話は、「感覚的活動」による組織化や調整を経て、ケアとなる。

「世話すること」はもちろんそれ自体重要かつ必要な営為だが、それがどれだけ手厚くなされたとしても、特定の個人にとってその生活や生存を支えるものとなるとは限らない。前述のように、「世話すること」の抱え込みが、受け手の生活や生存を脅かすこともある。「世話すること」が受け手の生活や生存に及ぼす影響は、一定ではないのである。

だとすれば、他者を世話するために行っている作業の種類の数や、それを行う頻度を測定する計量的研究は、果たしてケアの遂行を分析するものになっていたのだろうか、という疑いも生じる。メイソンが強調するように、ケアは与え手と受け手のあいだに成立するものであり、与え手だけを見てケアが行われているかどうかを説明することはできないからである。もちろん、多くの種類の作業を、しかも日常的に行い続けることは、それを行う者にとって負担であることは間違いない。だが、与え手にとっての負担が、受け手にとってケアとして機能しているかどうかは、別の問題である。例えば、「あなたのためを思って」と生活時間のほぼすべてを自分の世話に割く母親によって、自分の生活が脅かされていると感じている娘たちの苦しみは、信田さよ子が母娘関係の分析のなかで詳細に述べている（信田 2008）。

個々の作業（＝「世話すること」）とその組織化（＝マネジメント）が独立しているのだとすれば、両者がそれぞれ別の人物によってなされる可能性もある。本章冒頭でも触れたディヴォートの研究、すなわち家族に「ごはんをあげる」ことの分析をもとに、この点を少し詳しく、具体的に考えてみよう。なお、ディヴォートは主に母親が子どもに「ごはんをあげる」ことについて語っているので、ここでも母親と子どもを中心に、「ごはんをあげる」ことをめぐる関係を考える。作業という点で見ると「ごはんをあげる」ことに含まれるのは、子ども（と他の家族）のために料理をすることであり、また、その前段階には、食材を調達する＝買い物をするということも行われている。だが、ディヴォートがいうように、それらの作業の前にも最中にも、表立っては現れないさまざまなプロセス――メイソンのいう「感覚的活動」の実行――が含まれている。

繰り返しになるが、買い物の最中に、母親は、本人もほとんど無意識のうちに、記憶や過去の経験を動員しながら、次のような複数の思考を同時進行で行っている。それは、子どもが年齢的に食べられるもの、子ども自身が好んで食べそうなものと、夫など他の家族の好みを思い浮かべながら、店頭に並ぶ購入可能な食材を確認しつつ、また、この先の自分や家族の予定を考慮し、準備しておいた方がよい食材や、つくることができそうな料理を考え、自宅に既にある食材を思い出しながら、それらすべてを総合して数日先の献立を考え、いま何が必要かを明確化させるという、文字にしてみれば目の回るほど多岐に渡る認知的活動である。

また、用意した食材で食事をつくって提供する際にも、母親は、それが子どもの生活を支えるものになるために（つまり、ケアとして機能するために）さまざまな思考と調整を行っている。前述の通り、それは例えば、子ども（と他の家族）の生活パターンを考慮しながら、食事を提供するのに最適な時間を考え、その上でその時間に提供できるように、他の家事やその他の自分がしておきたいこと・しなければいけないことを組み込みつつ、料理の段取りを考える、という思考と調整である。くどいようだが、これらの思考・調整は必ずしも意識して行われているわけではない。生活パターンは頻繁に変わるわけではないので、むしろこれはルーティン化されて行われている場合の方が多いかもしれない。

顕在的な作業のレベルで見れば、これらは「必要な食材を調達すること」「ある時間までに料理をしておくこと」である。だが、それがなぜ必要な食材なのか、なぜその時間までなのかは、多くのことに注意を払い、想定される事態を考え合わせた上で特定されたのであり、いわば感知や思考のアウトプットである。また、前段でルーティン化という単語を使ったが、作業の段取りがルーティンとして確立するまでの間には、試行錯誤を含む感知と思考のプロセスが経験されているはずである（この経験の主語は、それをルーティンとして確立した個人であり、それはディヴォートもいうように大抵の場合、家事責任を主に担う女性である）。

ただし、何をどのように行えばよいかが具体化し、時間割も含めて工程が確立してしまえば、その作業は他の個人が代わって行うことも可能になる。つまり、既に誰かによってなされたマネジメントのもとで、別の人間が作業としての「世話すること」に従事する、ということである。例えば、父親が、母親がよく買っている（つまり、その意味で必要だということがわかっている）食材を代わりに購入してくることもできるし、母親がいつもそうしている通りの時間に合わせて、料理をつくることもできるだろう。そしてそれは、母親が子ども（や他の家族）のニーズを満たせるよう編み出した工程なのだから、それに沿って作業を行えば、その作業が子ども（や他の家族）に対するケアとして機能する可能性は高い。

だがこれは、母親のマネジメントにただ乗りした上で、父親が自らの作業をケアとして結実させることができる、ということでもある。もちろん、何度も繰り返すように、作業としての「世話すること」はそれ自体大きな負担であり、どのような形であれ、それに従事している事実は評価されるべきである。だが一方で、マネジメントもまた、その負担が文字通り見えないだけで、実際には非常な時間と労力を有する活動である。「ごはんをあげる」ことに関わる工程は、試行錯誤を経て出来上がっていくものだし、ひとたび確立されても、そのときどきの家族の状態・状況に合わせて調整が必要である。もちろん、状態・状況をそのように把握する際にも「感覚的活動」が行われている。そして、「感覚的活動」を行った上で、そのような調整を日常レベルで担っている――責任を負っている――のは、ディヴォートが示すように大抵は母親である。

そう考えると、子どもに対するケアの負担が母親と父親のあいだでどのように分担されているかを特定することが、いかに難しいかがわかる。作業の種類や頻度を比べるだけでは不十分、なぜならそれがケアになっているかどうかがわからないから、というのは前述のとおりだが、仮に、その作業がケアになっているかどうかを考慮して比べることができたとしても、それでもまだ負担の比較としては不十分である。なぜなら、父親による世話がケアとして機能しているのは、母親によるマネジメントに沿って行っているからで、マネジメントの負担の一切は母親が担ってきた、という場合も考えられるからだ。

さらに言えば、母親がマネジメントを担いながら、作業の部分だけを父親に委ねることは、それ自体、母親にとって負担となる場合がある。

まず、作業を分離する際には、「感覚的活動」として無意識に行っていたことを言語化する必要が生じる。例えば、「ごはんをあげる」前段階としての買い物の際に行われる感知や思考（「この子にはこれを食べさせた方がいいかしら」「明日は遅くなるかもしれないから、簡単につくれるものにしよう」「だとしたら、必要なのはこれだな」）は、買い物の最中に店頭に並ぶものを確認しながら行われていることが多い（むしろその方が、効率が良いかもしれない）。だが、必要な食材を買ってくるという作業を父親に委ねるのであれば、そうした認知的活動を事前に行った上で、何が必要かを明確にして伝達しなければならない（そうでなければ、必要な食材を買ってきてもらえないかもしれない）。もちろん、父親に自由に買い物をさせる、という選択肢もあるが、重要なのは、必要な食材とは、特定の献立に必要な食材であることだ。もし父親が自由に食材を購入し、料理は母親がするのだとしたら、母親は父親が買ってきた食材を必要とするような献立をそこから考える、という新たな「感覚的活動」を行う必要に迫られる。

また、確立された工程は、自分自身が作業まで行う仕様で確立されている。それゆえ、その工程は母親の生活に組み込まれているし、逆に言えば、その作業を行うことを前提に、母親の生活パターンとタイムテーブルは出来てしまっている。したがって、もし特定の作業だけを取り出して父親に任せることになるのであれば、母親は極端な場合、生活そのものを編成し直す必要に迫られる。

そのような負担を考えてみれば、「自分ひとりで全部やってしまった方が楽」と母親が感じてしまうのも十分理解できるだろう。

要するに、ケアにおける作業＝タスクとマネジメントを概念上区別することが可能だとしても、その二つを実践的に分離することは、必ずしも容易ではない。ケアの負担を家族のあいだで分担するのであれば、現実的にはマネジメントの段階、つまり工程を確立する段階からの分担をしておかなければ、分担自体が困難になることもある。作業としての「世話すること」に従事する男性が増えても、女性にとってケアの負担が減っているように思われないのは、まず、マネジメントの多くをいまだに女性が担っていること、さらに、マネジメントを担い続けながら（担わされ続けながら）、作業だけを男性向けに分離するという困難を求められていること、そして何より、マネジメントが目に見えない活動だけに、その困難を男性に提示して理解させることが難しいことに由来しているのではないだろうか。

息子介護におけるマネジメントは誰が・どのように

ここまでの要点をまとめれば、次のようになる。第一に、マネジメントを行わなくても「世話すること」は行いうること（ただし、その場合、その世話は特定の他者の生活と生存を支えるケアとして機能しないことがあること）、ただし第二に、マネジメントを自身で一切行わずとも、その部分を他者に担わせることで、自分の世話がケアとして機能し続けることはありうること、第三に、作業と分離してマネジメントだけを行うことは、自分自身で両方を行う場合と比べて決して楽とはいえないことである。

メイソンの「感覚的活動」の概念と、それにもとづく作業とマネジメントの関係は、息子介護を分析する際の枠組みとしても有用である。例えば、息子介護者は、高齢の親の主たる介護者となっている息子のことだが、この定義は、ケアにおける作業の部分にのみ基づいている。日本において、とりわけ介護保険制度のもとで要介護度認定が行われるようになってからは、介護は、日常生活動作（activities of daily living）に困難を抱える高齢者への介助として一般的には受け取られている。なぜなら、要介護状態の認定自体が、日常生活動作にどの程度の困難を抱えているかを中心に行われるからである。したがって、主たる家族介護者は、日常生活動作の介助を家族の中で最もしている者を意味し、息子介護者とは、親の日常生活動作に関して「世話すること」が最も多いと見なされた男性のことである。事実、私が息子介護の調査を行う際に協力者となってくれた現場の支援専門職者たちは、息子介護者という言葉を聞いて、ほぼ自動的にそのような男性のことだと理解していた。

ただし、作業としての「世話すること」以外の部分について、息子介護者がそれぞれ何をどの程度担っているのかは一様ではない。例えば、わたしはかつて、既婚の息子介護者と独身の息子介護者の大きな違いとして、既婚者はしばしば「世話すること」の前提である「介護の基礎」を妻に委ねている、と指摘したことがある（平山 2014：第2章）。「介護の基礎」とは、日常生活動作の援助に必要な家事のことである。例えば、日常生活動作の一つである食事の介助を行うためには、まず調理された食べものが必要だし、着替えを介助するためには、洗濯された衣類が必要である。既婚の息子介護者のなかには、この料理や洗濯などの家事を妻に委ねている者が少なくない。さらに言えば、これらの家事は、要介護の親だけでなく、介護者である息子自身の生活にも必要なものである。妻たちは、親の日常生活動作の介助それ自体に関わらない場合でも、息子が介護をすること、介護をし続けることを支えていることがある。その意味で、わたしは妻たちが行っていることを「介護の基礎」と名付けた。

「介護の基礎」が「世話すること」から分離されていたように、マネジメントもまた、息子介護者自身が行っていないという場合はありうるだろう。さらにいえば、マネジメントを別の家族が担っているからこそ、息子が「世話すること」だけに専心している場合でも、その親のケアとしては破綻せずに済んでいる、というケースも考えられる。いずれにせよ、「息子介護者」が親を「世話すること」において家族のなかで最も多くを担っていることは確かなのだが、そこでマネジメントがどのようになされているかは明らかではない。

息子が親の主たる介護者になっている場合に、マネジメントは誰がどのように担っているか、という問いは、家族内の性別分業に対して息子介護がもたらすインプリケーションを考える際に重要である。なぜなら、子どものケアにおける母親と父親の責任分配の例で考察したように、マネジメントが女性に偏って担われている可能性はありうるからだ。例えば、息子介護者の社会関係を眺めてみれば、そこには妻に限らず、彼らを取り巻くさまざまな女性の家族・親族が含まれている。そうした女性たちとのあいだで、マネジメントをめぐるどのような責任の分配が行われているのか。メイソンの「感覚的活動」から派生して、本書が息子介護を分析する際の一つの視角が、マネジメントをめぐるそのような問いである。

「ケア能力」再考——個人属性で説明することの何が問題か

もう一つ、メイソンの議論のなかで息子介護の分析に示唆を提供するのは、「ケア能力」という個人属性でケアのプロセスを説明することへの徹底的な批判である。その前提には関係としてのケアの概念があり、ケアのプロセスを与え手と受け手の相互作用から理解しようとする志向がある。この「ケア能力」への批判は、息子介護の困難についての典型的な説明にも当てはまる。なぜなら、息子介護の困難を示すものとしてしばしば指摘される問題、すなわち、虐待関係に陥る息子の多さを説明するために、「ケア能力」のような与え手の個人要因がしばしば用いられているからである。

例えば、家族介護者への支援にも携わってきたケア専門職たちによる『知っておきたい認知症ケア最前線——理解と実践』（本間・永田 2014）（以下、『最前線』と略す）のなかの家族による虐待の項では、加害者として息子が多いことが紹介されるとともに、その原因の一つとして「生活能力の不足」が指摘されている。それによれば、男性は生活者として家庭生活を維持する視点に欠けており、したがって、たとえ「世話すること」に熱意をもっている場合でも、結果的に不適切な介護になりやすい、という（2014：194）。これは、マネジメントがなされなければ「世話すること」がケアとして機能しない、という論理と似ている。しかしここでは、介護の破綻が、家庭生活に関する男性の素養という与え手の個人属性のみで説明されており、この点がメイソンの立場とは大きく異なる。

家族へのケア経験が男性に少ないことと、男性が虐待関係に陥る蓋然性の高さを直結させるこのような論理は、決してめずらしくない。例えば、息子介護者への支援に携わったことのある専門職に対し、私自身が行ったインタビューのなかでしばしば聞かれたのは、男性は女性と違い、子ども（乳幼児）の世話を自分が主となって行った経験が少ないために、介護の場面で戸惑いが大きくなり、それが発展して虐待のような事態が起きてしまう、というものである。

人によって違うところもあるので一概には言えないと思うんですけれども、やっぱり女の人は子育てをずいぶんとやっている人が多いですからね。あの、おむつ換えたりとかね。……男の人は、最近はイクメンとかであれですけど、今の五〇代六〇代っていったら奥さんに全部お任せっていうほうが普通じゃないですか。ねえ。そういうところで準備っていう面で、だいぶ（男女のあいだに）違うとこが出てくるっていうのはあると思うんですよね。

女性は、おむつ換えのような身体介助を育児において既に経験しているために、高齢者への介護に対しても心理的・技術的備えができている、という論理は「わかりやすい」ように思える。しかし、ここに欠けているのは、メイソンが強調する関係としてのケアの視点である。おむつ換えのような、作業としての「世話すること」は、乳幼児でも高齢者でも類似の要素が含まれているかもしれないが、それを誰に行うのかによって「世話すること」の経験は大きく異なるはずである。乳幼児を相手に経験済みだから高齢者の場合でも上手くやれる、と仮定するのは、メイソンが厳しく批判していること、つまり、ケアという関係における受け手の存在の意味を軽視することに繋がるだろう。

ケア経験の蓄積を通して得られた汎用的な「ケア能力」の存在は、経験的研究によっても疑義を突き付けられている。例えば、フェミニスト老年学者のトニ・カラサンティは、夫を介護する高齢女性の調査から、「子どもの世話をした経験があるから、高齢の夫の世話も上手くできるはず」という信念が、介護者を苦しめる事実を明らかにしている（Calasanti 2006：277-282)。カラサンティは、育児経験のある高齢女性たちが、夫への介護の際にしばしば強いストレスを感じていること、その背景に、育児を上手くやってきたという自負があることを発見する。ごはんを食べさせたり、着替えを手伝ったり、という作業のレベルでは、彼女たちが自分の子どもたちにしてきたことと、夫に現在していることは似ている。しかし、子どもと異なり体も大きく、また、ときには家長として支配的な言動すら見せる高齢の夫にそれらをすることは、幼い子どもに対してする場合とは大きく異なる。だが、彼女たちは家族の世話に携わってきたという自分の経験への自負があるがゆえに、その自負と現実とのギャップ、すなわち「なぜか上手く介護できない自分自身」に苛立ち、ストレスを募らせているのである。

子どもや配偶者など、女性は生涯を通して、男性よりも多くの家族・親族の世話に携わっていることは事実である（Bracke, Christiaens, & Wauterrickx 2008）。だが、異なる相手への世話を、女性がそれぞれ何とかやり抜いているのだとすれば、それは汎用可能な「ケア能力」を身につけてきたから、ではない。相手が異なれば関係としてのケアの様相はそれぞれ異なるし、別の相手に直ちに転用可能なケア経験というものは、ありえないからだ。女性が生涯のあいだにさまざまな他者への世話に携わっているのだとしたら、それは、彼女たちがそれぞれの相手に対して感知と思考を駆使しつつ、つまり、「感覚的活動」に従事しながら、それぞれの相手と個別的にケアの関係を築く、という営みを、生涯を通じて繰り返しているのだと見るのが適切である。

親の介護に関しても同様である。親が要介護状態になることで、それまでの親への関わり方とは異なる関係を築き直さなければならない、という点では、娘も息子も変わりがない。端的に言えば、親の世話に初めから慣れている娘は、息子同様、いないはずなのである。だが、息子の方が親のケアに関わる素養が足りないから戸惑いが大きく、それゆえに虐待関係に陥りやすい、という論理は、娘の場合にはそうした戸惑いが少ない、ということを含意する。なぜなら、虐待加害者に娘が占める割合は、息子の割合に比べて圧倒的に少ないからである。結局のところ、息子の虐待を「ケア能力」で説明する論理は、娘もまた親との個別的なケアの関係を戸惑いながら築いている、という事実を無視することにならないだろうか。そもそも戸惑いの大きさをどうやって比較するのか、という点を措いても、息子の虐待を「ケア能力」で説明することは問題含みである。

男性の方が責任感が強く、孤立しやすい？

なお、前掲の『最前線』では、息子が虐待関係に陥りやすいその他の理由として、男性は「自分ひとりで介護をこなさなければいけない」という責任感が強く、また、地域との繋がりが少ないために、孤立のリスクが高いことも挙げている（本間・永田 2014：194）。このような説明もまた妥当性を欠いている点を指摘しておきたい。

まず、責任感に関して。性別分業の再生産のプロセスを説明する研究にもとづけば、「自分（だけ）がやらなければならない」と、介護の責任を強く感じざるをえない構造的位置にあるのは、むしろ女性である。例えば、山根純佳は、「ケア＝女性の責任」とする言説構造と、労働市場における女性の低い地位といった資源配分構造のもとで、女性が能動的にケア責任を引き受けていくこと、また、そのような状況を変えるための交渉力も限られてしまうことを、理論的・実証的に示している（山根 2010）。これらの研究知見と照らし合わせれば、男性の方が責任を感じやすいから息子は虐待関係に陥りやすい、という論理には疑問の余地がある。

さらに言えば、「自分ひとりで介護をこなさなければいけない」と感じることを責任感の強さと結び付けてしまうことも問題である。この論理では、逆に、自分ひとりでしようとしないことは、ケアに対する責任感の弱さを意味するものになるからだ。しかし、前述の通り、他者の生活と生存を支えるというケアの目的に照らせば、できるだけ多くの他者をそこに参加させることは、受け手の依存先を増やすことを意味し、結果的にケアの目的を果たせる可能性を高めるものである。その意味では、自分ひとりでしようとしないことこそ、他者の生活・生存を支えるケアの与え手としての責任感の強さを表す、と言ってもよいはずである。

最後に、男性の繋がりの少なさについて。職業を離れた私的な生活領域において、男性が有する社会的紐帯（social ties）が乏しいことは、社会的ネットワークの研究のなかでしばしば報告されてきたことである（水無田 2015）。だが、だからといって、女性ならば介護の過程においても孤立する可能性が少ない、とは必ずしも言えない。介護は膨大な身体的・認知的資源を必要とする労働であり、それに従事することによって、家族介護者が他者と交流する心身の余裕を失っていくことは、繰り返し指摘されている（Schultz & Martire 2004）。しかも、この点に関して、他者との交流の頻度の低下は、男性よりも女性の介護者の方に顕著に見られる、という実証研究もある（Miller & Montgomery 1990）。

また、介護を「女性のしごと」とする構造のもとでは、女性の方が孤立を深めやすい場合もある。そうした構造のもとでは、女性が介護を担うことは珍しくないが、男性が「女性のしごと」をしているときには、周囲の注意を引きやすいからだ。実際、「何とかしてあげなければ」と気に掛ける周囲の人間は、介護者が男性の場合の方が多くなる（Davidson, Arber, & Ginn 2000 : Rose & Bruce

1995)。

息子による虐待の蓋然性を説明する際に、男性の方が孤立しやすいから、と理由づけることは、それを「ケア能力」の欠如や親の介護に携わることへの戸惑いの大きさで説明することと同様、限界がある。娘と息子のどちらが孤立しやすいかは、前述のように、孤立の理由やプロセスそのものがジェンダー化されていることを考えると、単純に比較できるものではない。また、孤立の深さで息子の虐待の多さを説明すれば、娘の孤立は息子の孤立に比べればたいしたことはない、ということを含意してしまう。それは、女性が介護の過程で経験する孤立、女性介護者だからこそ経験する孤立を、見えにくくする効果があるだろう。

経済的困難による説明の限界

『最前線』による息子の虐待についての説明に対しては、春日キスヨ（2015）もまた疑問を呈している。春日は、夫よりも息子の方が加害者として圧倒的に多い事実を指摘し、『最前線』による男性一般の特性や状況にもとづいた説明では、そうした男性間の差異を説明できない、と述べる。その上で春日は、虐待加害者に多いのが、独身で無職の生活不安定な息子であることに触れ、息子による虐待を説明するには、社会的排除の視点が必要である、と主張する。春日によれば、そうした息子たちは、自分自身の生活すら成り立っていないという困難を抱えている。そのように追い詰められた彼らに、親のニーズを汲み取った介護を求めるのは無理がある、と春日はいい、彼らに必要なのは『最前線』が主張するような介護者としての支援（例えば家族会への参加など）ではなく、第一には生活者としての支援（例えば就職支援など）である、と述べる（春日 2015：191）。

春日の説明は、「感覚的活動」の観点からも納得のいくものである。メイソンがいうように「感覚的活動」は構造的条件のもとで行われる。だとすれば、社会経済的に不利な立場に置かれ（春日の言葉を借りれば「『公領域』から排除され」）、物質的な資源も枯渇して心の余裕をなくした状態では、要介護の親のニーズを感知したり思考したりすることは難しいだろう。その点において、春日の分析と、それにもとづく提言は説得力を有する。

だが、『最前線』の説明と同様、春日の説明のなかにも欠けているように思われるのは、関係としてのケアという視点である。春日もまた、息子による虐待を加害者（＝息子）個人の置かれた社会経済的状況に還元して説明しているからだ。だが、メイソンが主張するように、ケアは与え手と受け手の相互作用であり、そこで起こっていること・行われることは、受け手の存在を考慮せずには説明できない。これは、虐待についても、同じことが言えるはずである。当然のことを言うようだが、虐待は、加害者と被害者の両方がいなければ起こりえないからである。

息子による虐待を関係として見る場合、看過できない事実がある。それは、被害者の八割が母親である、という事実である。その意味で、息子による虐待の多くは、家族のなかで行使される男性（息子）から女性（母親）への暴力である。「ケア能力」の不足や社会的紐帯の乏しさに焦点を当てる『最前線』の説明も、独身・無職の息子の社会経済的困難を指摘する春日の説明も、この事実を素通りしている。その結果、これらの説明によって立ち上げられた「息子による虐待」という現象からは、異なるジェンダーのあいだの暴力としての側面が一切見えてこない。「息子による虐待」を、介護というケア関係のなかで生じる現象として理解するのであれば、加害者と被害者のジェンダーの組み合わせは必ず考慮されるべき変数であると思われる。

本書の課題――何を問うか・どのように問うか

以上、メイソンによるケアの概念を手がかりに、息子介護を分析する際に、本書が組み込むべき視点を確認してきた。メイソンによれば、「世話すること」がケアとして機能するためには、「感覚的活動」を通じたマネジメントが不可欠である。しかしながら、このマネジメントのあり方は、特定の他者との特定の関係から切り離すことはできない。その意味で、ケアは常に個別的で関係的な営為である。

ここから導かれる本書の焦点の一つは、息子介護におけるマネジメントの様相である。特に重要なのは、マネジメント責任をめぐる息子介護者と彼らの家族、なかでも女性の家族との関係である。上で考察したように、ケアにおけるマネジメントという分析視角は、家族ケアの負担の隠れたジェンダー不均衡を明るみに出す機能がある。したがって、その観点から息子介護者の家族関係を分析することは、増え続ける息子介護がジェンダー関係にもたらすインプリケーションを見きわめる作業となるだろう。本書第二章で、息子介護者のきょうだい関係、とりわけ女きょうだいとのあいだのダイナミクスに照準したのはそのためである。

メイソンの議論から示唆されたもう一つの焦点は、虐待加害者としての息子に向けられる。ケアを個別的で関係的な営為として概念化した場合、息子個人の要因のみで虐待関係を説明することは不適切である。圧倒的多数の被害者が母親／女性であることを念頭に置いた上で、息子介護者が陥る虐待関係を分析するには、これをジェンダー化された暴力として考察することが必要である。

この問いに直接的に取り組んだのが、本書第五章である。第五章で分析したのは、男性性あるいは「息子性」による「老いた母親に手を上げてしまう息子」の構築である。ここで、「男性性／『息子性』による構築」といったのは、「母親に対する息子の暴力は、男性性／『息子性』が原因となって生じている」という意味ではない。ここでの「男性性／『息子性』による構築」とは、「老い衰えた母親に戸惑い苛立つ息子が、思わず手を上げてしまうこと」を説明可能（accountable）にしているのが男性性／「息子性」である、という意味である。つまり、男性性／「息子性」とは、そのような状況で息子が母親に手を上げてしまうことを「自然」に見せるために機能する前提と言ってよい。

「男性性が暴力的になること」は、自明のことのように思われがちである。例えば、春日キスヨは、息子と娘を比較しながら「同じ境遇にある実子であっても、息子の場合『男性と暴力性』というジェンダー要因が関わり、……それが加害者の性別による虐待数の差に関わっている」（春日 2008：112）と述べているのだが、ここでは「『男性と暴力性』というジェンダー要因」は敷衍されていない。つまり、息子による虐待の多さを語る上で、「男性と暴力性」は自明の前提とされているのである。

しかし、第五章で考察するように、暴力性は、ときに女性性のあらわれとしても理解される。つまり、男性と暴力の結び付きが「自然」に見える――説明可能になる――のは、ある特定の文脈における、特定の前提を置いた場合に限られているのである。第五章で分析するのは、「老いた母親に手を上げてしまう息子」を説明可能にする、そのような前提としての男性性／「息子性」である（なお、「説明可能にする実践としてのジェンダー」という観点については、第三章でも採用している）。

言うまでもなく、息子とは関係カテゴリである。男性が息子としての自分を経験するのは、親との関係のもとにおいてであり、逆に言えば、その関係なくして息子としての男性はありえない。だからこそ序章で述べたように、息子介護の考察は、男性による息子としての経験へのアクセス・ルートになる。男性が要介護状態の親に向き合う時、それは息子として向き合う以外ない経験になるからである。息子、すなわち親との関係のもとにおける男性を主題とする本書が、ケアを何よりもまず関係として概念化しようとするメイソンに共鳴するのはそのためである。メイソンの議論を手がかりに、本書が上のような分析視角に立つのは「息子であること」の探究における必然なのである。

第二章　息子によるケア——親の老いの受けとめ方ときょうだい関係

本章では、高齢の親をケアする子どもたち（adult children who care for their aging parents）の研究のなかから、ケアをめぐるきょうだい関係を分析した北アメリカの研究を主に取り上げ、「息子による親のケアとはどのようなもの（と理解されている）か」を検討する。日本の息子を念頭に置いた本書が、合衆国やカナダの研究を主に取り上げて息子によるケアを検討する背景には、日本において「息子によるケアとはどのようなものか」を正面から取り上げたものがほとんどない、という事情がある。男性が親の介護の担い手にならざるをえない現状を踏まえて、日本でも息子介護を取り上げる研究が増えつつある。しかし、その多くは、介護役割を担う（担わざるをえない）息子がどのような困難に直面しているかに焦点を当てている（例えば春日 2008, 2013, 2015；松井 2014）。そのため、息子が親の老いをどのように受け止め、また、それに応じてどのように親を介護しようとするか、という、息子による「親の見方」と「親の看方」自体が分析対象になることは少ない。

本章で北アメリカの息子研究を取り上げるのは、息子による「親の見方」「親の看方」が普遍的であり、アメリカやカナダの知見がそのまま日本にも当てはまると考えられるからではない。そうではなくて、日本における知見の蓄積がない現状において、それを今後検討していくための足掛かりとして、他の国では既に何がわかっているのかを把握しておくためである。また、これらの研究知見が国内で普及することによって、日本の息子の「親の見方」「親の看方」研究が促されることを、わたし自身が期待しているためでもある。

サポートとケア——なぜ「見方」と「看方」の両方が必要なのか

ところで、具体的な研究知見の検討に入る前に、注意を促しておきたい点がある。本章で取り上げるのは「親をケアする子ども」の研究だが、これは日本語での「親を介護する子ども」と必ずしも同じではない。介護保険制度のもとでの要介護状態の判定が、移動する、食べる、着替える、入浴する、用を足すなどの日常生活動作（activities of daily living：ADL）を一人でできるかどうかによっていることもあり、日本語でいう介護はＡＤＬの手助けを必然的に含むものとしてイメージされている。だが、英語圏での親へのケアはＡＤＬの手助けに限定されないし、必ずしもＡＤＬの手助けを含んでいない。例えば、料理、掃除、洗濯などの家事の手伝いや、薬の管理、金銭管理などの手段的日常生活動作（instrumental activities of daily living：IADL）の手伝いや、定期的に電話をする、相談相手になるなどの行為も親へのケアに含まれている。もちろん、ＡＤＬに手助けが必要な場合、ＩＡＤＬもまた誰かに頼らざるをえないから、親を介護する子どもはほぼ必然的にＩＡＤＬの手助けを行っている。だが、ケアにＡＤＬが必ずしも含まれないとすると、親がＡＤＬを行う上でそれほど問題がなく、したがって日本語で言う介護を親に対してしていない子どもであっても、親をケアする子どもに含まれることになる。

子どもが親に対してしていることだけを見れば、子どもによるケアはソーシャル・サポート(social support)と限りなく近い。ソーシャル・サポートとは、個人から個人へ(主に私的に)提供される有形無形のさまざまなサポートの総称である。具体的には、日常生活の手伝いから心理的な支え(励ます、悩みを聞くなど)、そして、相手にとってメリットとなる情報の提供などのすべてが含まれる。

フェミニスト老年学者のアレキシス・ウォーカーは、サポートとケアを区別するものとして、与え手に対する受け手の依存度を挙げる(Walker, Pratt, & Eddy 1995)。そのサポートが失われることによって受け手の生活が脅かされる場合、そのサポートはケアといってよい。したがって、それがケアであるかどうかは、与え手が「何を提供しているか」という情報だけでは判断できない。重要なのは「誰が・誰に・何を提供しているか」であり、その「何」について、受け手がどの程度依存しているかによってケアが定義される。

受け手の依存性にもとづいて提供されるサポートをケアとすれば、息子による親へのケアを検討する場合には、「息子の看方(＝親に何を提供しているか)」だけでなく「息子の見方(＝親をどのように見ているか)」が考慮される必要がある。息子が親をケアしていると言えるのは、自分の提供しているサポートに対して親が依存していると見なしている状態で、息子がそのサポートを提供しているときであるからである。

本章で検討する研究の多くが、息子たち、娘たちの語りにもとづく質的研究であることもそのためである。量的研究における親へのケアとは、たいてい「看方」のみ、つまり、親に何を・どの程度提供しているかで測られる。もちろん、量的研究のなかで親の健康状態（例えば特定の疾患をもっているかなど）が変数として組み込まれることは多いが、それは必ずしも子どもの側の主観的な「見方」と重なるわけではない（「病院には通っているけれど、うちの親はまだまだ大丈夫」と思っている子どももいれば、逆に、親が単に年を取ったというだけで「世話しなければ」と思う子どももいるだろう）。

高齢の親をどのように依存的な存在と見なし、それにもとづいて何をどのように提供しようとするか。その両方を考慮することで、息子によるケアのあり方を検討することができる。その意味で、高齢の親へのサポートをめぐる子どもたちの語りを分析対象とする質的研究は、子どもたちの「見方」にもとづく「看方」を理解する手掛かりをもたらすものである。

息子によるケアへのアプローチ——関わる・関わらないの二分化と単独インフォーマントの限界

高齢の親に対するケアの研究のなかで一貫して報告されているのが、男性は女性に比べてケアに携わる時間が短く、また、提供するケアの種類も女性に比べて限られる、というものである（例えば Arber & Ginn 1995；Davey & Szinovacz 2008；Dwyer & Coward 1991；Finley 1989；Horowitz 1985）。この不均衡を説明するために、心理発達的な観点に立つ論者は、男女で異なる社会化の過程を指摘してきた。女性は男性よりも、情緒的な結びつきや他者への配慮を重視するよう社会化されるため、その結果、女性はケアする役割を（自発的に）担いやすい、という説明である（Chodorow 1978＝1981；Gilligan 1982＝1986）。他方、女性と男性の構造的位置という観点に立つ論者は、性差別的な就業構造によって労働市場から排除され、経済資源へのアクセシビリティが制限されることにより、女性が家庭でのケア役割を担わされている、とする（Sarkisian & Gerstel 1994；Risman 1998）。

これらの説明は、ケア負担のジェンダー不均衡の要因については異なっているものの、女性のなか（および男性のなか）の個人差にほとんど目を向けていない点で共通している（山根 2010：6-8）。発達過程において身につけた「特性」であれ、就業構造における位置であれ、女性は女性である限り（あるいは男性は男性である限り）等しくその影響を受けることになり、それゆえに等しくケアの担い手になること（あるいはならないこと）を決定づけられるからである。そして何よりこれらは、男性は（女性に比べて）ケアに携わらないことを前提に、なぜ携わらないのかを説明するものなので、息子＝男性は親をどのようにケアするのかという問いに答える手がかりを与えるものではない。

ところで、女性が男性よりも親のケアに多く携わっていることが事実だとしても、それは、男性が親のケアに一切関わっていないことを意味するわけではない。ケアへの関わり方は、関わっている・関わっていないという二者択一ではなく、間接的な関わりも含め、バリエーションをもつものである。

だが、男性が親のケアに何らかの形で関わっていたとしても、親のケアに関する研究のなかに、息子による「親の見方」「親の看方」が登場することは少ない。多くの研究は、その家のなかで最も多く親のケアに携わっている子ども、すなわち主たるケア提供者（primary caregivers）をインフォーマント（情報提供者）にしている（Matthews 2002）。この主たるケア提供者に占める割合は女性の方が大きいから、そこで取り上げられるのは主に、娘による「親の見方」「親の看方」である。主たるケア提供者以外の子どもは、それが娘であれ息子であれ、分析の俎上に載らないか、あるいは主たるケア提供者を取り巻く文脈の一部として考慮されるのみである。

また、その他の子どもたちが仮に取り上げられたとしても、それは、インフォーマントである主たるケア提供者の目から見たきょうだいの関わり方である。他の子どもたちがどのように関わっているかを主たるケア提供者が知らない場合や、他の子どもたちの貢献を主たるケア提供者が認めない場合、その子どもたちの関わりは「無い」ことになる。

インフォーマントが主たるケア提供者のみである研究において、息子による「親の見方」「親の看方」を窺い知ることができるのは、男性が親の主たるケア提供者になっている場合に限られる。だが、それは、「主たるケア提供者である息子」という特定の息子による「見方」「看方」である。親の主たるケア提供者に女性が多いのだとしたら、その息子たちの「見方」「看方」はむしろ例外的であるかもしれない。

わたしたちが息子による「見方」「看方」を理解したいとすれば、マジョリティである息子たち、つまり主たるケア提供者ではない男性たちの「見方」「看方」も視野に入れる必要がある。例えば、まったくの非関与ではないにしても、男性は女性ほどには親のケアに携わらないのだとしたら、そのような「看方」は親に対する彼らのどのような「見方」にもとづくものなのか。このような疑問は、主たるケア提供者としてインテンシブに親のケアに携わる男性だけを対象にしている限り、答えることは難しい。

だが、親をケアする子どもたちの研究のすべてが、主たるケア提供者のみをインフォーマントにしているわけではない。なかには、それぞれの家族の子どもたち全員か、少なくとも複数の子どもをインフォーマントとして、親のケアをめぐるきょうだいの関係を分析するものもある（Connidis & Kemp 2008 : Hequembourg & Brallier 2005 : Matthews 1995, 2002 : Matthews & Heidorn 1998 : Matthews & Rosner 1988）。これらの研究が明らかにするのは、同じ親を見ているはずの子どもたちのケア経験がいかに異なっているかという、「現実の多元性」（シュッツ）である。親についてのきょうだいの語りは必ずしも同じではなく、そこでは子どもたちの「親の見方」の違いが浮き彫りになる。また、子どもたちは自分が「なぜそのような形で親のケアに関わるのか（＝親の看方）」について、自分の「親の見方」にもとづいて説明するとともに、他のきょうだいの関わり方をどのように見ているか、自分の関わり方と比較しながら語る。

これらの研究においては、インフォーマントは主たるケア提供者に限る必要はないから、インフォーマントになる複数の子どもたちのなかには、親のケアにそれほど関わっていない息子も含まれる。また、同じ親に対する複数の子どもたちの「見方」と「看方」が比較されることによって、さまざまな家族に共通して見られる娘によるケアと息子によるケアの違いが発見されることになる。

子どもたちはケア体制にどのように参加するか——サラ・マシューズによる類型化

このようなアプローチを早くから採用して、親をケアする子どもたちの質的研究を行ってきたのがサラ・マシューズである（Matthews 1995, 2002 ; Matthews & Heidorn 1998 ; Matthews & Rosner 1988）。マシューズの主な関心は、個々の子どもたちの親のケアへの関わり方というよりも、子どもたちそれぞれがさまざまな形でケアに関わることで出来上がる、きょうだいのケア体制（parent care system）を分析することにある。マシューズは複数の論文のなかで息子に焦点を当てているが、それは、息子によるケアとはどのようなものかという問いに答えるためだけではない。むしろ、そのようなケアを行う息子が存在することで、きょうだいの「ケア体制」はどのようなものになるかが、彼女の分析の主眼である。

マシューズは、それぞれの家族の複数の子どもたちへの聞き取りにもとづき、ケア体制への参加のしかたを四つに類型化する[1]（Matthews & Rosner 1988: 188–189）。

「日常的（routine）」

「補助的（backup）」

「限定的（circumscribed）」
「散発的（sporadic）」

「日常的」に参加する子どもにとって、親のケアは日々の生活の一部であり、親の生活の手助けを行うことは日課のようなものである。この子どもたちは、その時々に親が必要とすることすべてを手伝っているため、提供するケアの種類は幅広い。

「補助的」に参加する子どもは、必ずしも毎日のようにケアを行っているわけではないが、「日常的」に参加する子どもの必要に応じていつでも親を手伝っているし、そうすることを期待されている。「補助的」な子どもの役割は「日常的」な子どものケアをやりやすくすることなので、例えば、毎日のケアを行っているのは「日常的」な子どもだが、親のお気に入りは「補助的」な子どもの方である場合、親が「日常的」な子どもの言うことを聞くよう「補助的」な子どもが説得をする、などのサポートも行う。

「限定的」に参加する子どもは、特定の手伝いを一定のペースで行うが、逆に言えば、それ以上の手伝いは行わない子どもである。「限定的」な子どもは、その特定の手伝いについてはきょうだいから頼りにされているが、それ以上の参加を期待されていない。マシューズは、医師である息子とその姉妹たちの関係を例に挙げる（Matthews & Rosner 1988：189）。姉妹は、親をケアするに当たって、医療の専門家としての彼の助言をたびたび求めていたが、それ以上のことを彼にしてもらおうとは思っていなかった。

「散発的」に参加する子どもは、その名の通り、自分の都合に合わせて不定期的に親のケアに関わる子どもである。「散発的」な子どもは、きょうだいが「チーム」となって親のケアに当たることが必ずしも良いこととは考えていない。きょうだいの方も、その子どもを「ともに親のケアをする相手」としては頼りにしていない。ただ、「たとえ不定期であれ、親のケアに関わることは重要」と、「散発的」な子どもの貢献をある程度は認めている。

息子たちはどのようなケアを提供しているのか

マシューズの研究の特徴は、インフォーマントである子どもたちが、自分だけでなくきょうだいについても、それぞれがケア体制にどのように参加しているかを語っている点である。マシューズによれば、娘=女性がインフォーマントであるとき、男きょうだいの参加のしかたは多くの場合、「限定的」または「散発的」であると語られている（逆に、女きょうだいから「『散発的』にしか参加していない」と見なされている娘は非常に少ない）（Matthews & Rosner 1988: 189-190）。

ケア体制への息子の参加は「限定的」「散発的」である、という女きょうだいの報告は、男性は女性ほどには親のケアに関わっていないという研究知見と符合するものである。だが、息子たちは本当に親の生活に関わろうとしていないのだろうか。

マシューズによれば、息子に対するこのような評価は、息子が親に提供するケアの種類、および、親へのケアの提供のしかたが関わっている。

マシューズによれば、息子たちは必ずしも親の生活を支えていないわけではない（Matthews 1995, 2002 : Matthews & Heidorn 1998）。彼らは定期的に親と一緒の時間を過ごし、それが難しい場合は電話をかけて話し相手になったりしている。また、力仕事（例えば、家の中や外の修繕・整備）、預貯金や保険に関わる事務手続き、役所への書類提出などに関しては、かなりまめに親の手伝いをしている。だが、これらの手伝いは、女きょうだいだけでなく息子自身にとっても、親の生活を支える行為としては認識されていない（Matthews 1995: S316-S317）。他方で、息子がこれらの手伝いをする理由は、親が高齢になって、これらの作業を一人ですることが難しくなってきているからである。サポートとケアの区別のところで述べた通り、あるサポートは、それがないと受け手の生活が脅かされる場合にケアとなる（Walker, Pratt, Eddy 1995）。だとすれば、息子が行うこれらの手伝いは、ケアといってもよいはずである。しかしながら、たとえ彼らがその手伝いをまめに行ったとしても、当の息子自身も含め、誰もそれを親へのケアとして認識することはない。

マシューズは、「ケアしない息子」のイメージは、彼らが親の生活のサポートをしていないことではなく、これらのサポートしかしていないことに由来しているのではないか、という（Matthews 2002）。息子たちは、上のようなサポートを頻繁に提供する一方で、料理や洗濯、掃除といった家事や、日本語の介護に当たるようなＡＤＬの手助けにはあまり手を出さないからである（Matthews & Heidorn 1998: S280）。家事の手伝いや介護にはあまり参加しないという意味では、息子たちのケア体制への参加はたしかに「限定的」である。だが、依存的な他者に対して、その生活に不可欠なサポートを提供することがケアであるとすれば、彼らは必ずしも「ケアしない息子」とは言えない。

ここからマシューズは、ケアのイメージが女性化されている（feminized）ことを指摘する（Matthews 1995, 2002）。ジェンダー規範のもとでは、ケアは「女性のしごと」とされている。そして、実際、ケア役割を担っているのは多くの場合、女性である。だが、一方で、相対的に女性の方が多くしていること（だけ）をケアとする事態も生じているのではないか、とマシューズはいう。事実、女きょうだいが息子について「自分と同じくらい親のケアに関わっている」と見なすのは、その息子が家事や介護を分担している場合に限られる。言い換えれば、息子が親に対してしているそれ以外の手伝いは考慮されていない(2)（Matthews 1995: S317）。

息子たちはどのようにケアを提供しているのか

マシューズによれば、「息子は『限定的』『散発的』にしか親のケアに参加しない」と（姉妹によって）報告される背景には、親の生活への介入のしかたにおける娘と息子の差も関与している、という。例えば、マシューズは、息子によるケアの特徴として以下の三点を挙げる（Matthews 2002: 239–242）。

一つめの特徴は、親の求めに応じてサポートを提供しようとすることである。息子は、子どもたちが親の生活にどのように関わってほしいか、その決定を親に委ねようとする。親がいつ・何を必

Book review

勁草書房

JULY

2020 7月

http://www.keisoshobo.co.jp

表示価格には消費税は含まれておりません。

心理学書ロングセラー

心理統計・統計学

伝えるための心理統計

効果量・信頼区間・検定力

大久保街亜・岡田謙介

有意性検定だけでは、本当に調べたいことはわからない。p値に頼らない新しい統計解析を、理念と実践的な使い方に焦点をあてて解説。

2012年1月刊行　好評8刷

A5 判並製 228 頁

本体 2,800 円

ISBN978-4-326-25072-1

ダメな統計学

悲惨なほど完全なる手引書

アレックス・ラインハート　西原史暁 訳

科学者が陥る統計の誤用を防ぐ方法とは？ 科学の世界にはびこる「ダメな統計学」について、事例を豊富に紹介しながらコンパクトに解説する。

2017年1月刊行　好評6刷

A5 判並製 200 頁

本体 2,200 円

ISBN978-4-326-50433-6

A5 判並製 416 頁　本体 3600 円
ISBN978-4-326-40379-0

A5 判上製 272 頁　本体 5500 円
ISBN978-4-326-40380-6

日本金融の誤算と誤解

通説を疑い検証する

伊藤　修・植林　茂・鵜飼博史・
長田　健　編著

大きな変貌を遂げつつある日本の金融。これまで通説と理解されてきたものを再検証なしに受け入れてもよいのだろうか。日本金融の通説に挑む画期的試み。

A5 判上製 264 頁　本体 3500 円
ISBN978-4-326-50472-5

農産物貿易交渉の政治経済学

貿易自由化をめぐる政策過程

三浦秀之

ウルグアイラウンド、APECにおけるEVSL協議、日タイEPA交渉、TPP交渉で日本がいかにして農産物を保護したか検証する。

A5 判上製 356 頁　本体 5000 円
ISBN978-4-326-50473-2

7月の重版

言語哲学大全 Ⅲ

意味と様相（下）

飯田　隆

「必然性」をめぐる根本的な態度変更を背景に展開する70年代以降の言語哲学。可能世界意味論の射程と限界を明らかにする。

四六判上製 424 頁　本体 3600 円
ISBN978-4-326-15311-4　1 版 10 刷

功利と直観

英米倫理思想史入門

児玉　聡

功利主義 vs. 義務論という対立の源流は、功利主義と直観主義の対立にあった！　論争の発端から現状までを追う、新しい倫理思想史入門。

四六判上製 340 頁　本体 3200 円
ISBN978-4-326-15413-5　1 版 5 刷

日本型近代家族

どこから来てどこへ行くのか

千田有紀

日本型近代家族の謎を解きあかす。家の伝統、家父長制、ロマンティックラブ、核家族論から格差社会におけるポスト近代家族まで。

四六判上製 212 頁　本体 2600 円
ISBN978-4-326-65361-4　1 版 7 刷

グリーンバーグ批評選集

C. グリーンバーグ 著
藤枝晃雄 編訳

20 世紀最高の美術批評家グリーンバーグの主論文等を収めた待望の書！　50 年代後半以後の美術は彼の批評をめぐって展開する。

四六判上製 248 頁　本体 2800 円
ISBN978-4-326-85185-0　1 版 13 刷

要としているかは、親自身が判断し、自分たちに伝えることを彼らは期待しており、また、親の指示に従って手伝おうとする傾向がある。一方、娘は、親の求めに応えて手伝いをするだけでなく、必要なサポートを自分自身でも判断しようとする。彼女たちは定期的に親の生活状況を観察し、その観察にもとづいて自分の方から「あった方がよい手助け」を提案したり、実際にそれを提供したりする。

二つめの特徴は、非常時を除き、きょうだいとの「連携プレー」が少ない点である。他のきょうだいに対して、自分が親といつ会ったか、何をしたかなどを必ずしも伝えないし、逆に、きょうだいが何をしているかに関係なく、親の生活に関わろうとする。これは、きょうだいの状況を把握し、きょうだいが何をしているかを念頭に置いた上で、親のケアに携わろうとする娘とは対照的である。息子たちは単独行動で親と関わるため、子どもが息子だけの場合、息子たち自身でケア体制を組織化することは難しい。そのため、息子しかいない家では、親自身がコーディネーターを務めることになる（Matthews & Heidorn 1998: S280–S281）。前述の通り、息子たちは、それぞれが親にいつ・何をしているか、情報を必ずしも共有していない。そこで、親の方からそれぞれの息子に対し、他の子どもには（まだ）してもらっていない手伝いを要求する。息子は親の求めに応じて手助けをするから、そのように息子たちを動員することによって、親自身がケア体制を築くことになるのである。

三つめの特徴は、ケアにおける志向、すなわち「何を目指して親にサポートを提供するか」に関わる点である。息子たちは、親がひとりでもやっていける（self-sufficient）状態を維持し、その状態に復帰できることを目的として、親の生活に介入する。つまり、息子たちは、親が自分たちの手を必要としなくなるまでの一時的な介入として、ケアを提供する。このような息子たちの志向は、彼らの「親の見方」と関連している。息子たちは、親が（まだ）自分で何とかやれている部分に目を向ける（Matthews & Heidorn 1998: S281–S282）。そのため、親が必ずしも自立しているとは言えない状態だったり、親の自立がかろうじて保たれているような状態でも、親は「ひとりでもやっていける」と見なす傾向にある。

　マシューズは、息子たちの目は「今」にしか向けられていない、という（Matthews & Heidorn 1998: S281）。親の辛うじての自立はいつまで続くかわからない。そもそも現在の辛うじての自立も、息子の介入によって危機を脱することができたからこそ取り戻せたものである。過去に経験したはずの問題も、これから起こりうるかもしれない問題も、息子の視界にはない（もしくは周縁化されている）。だからこそ彼らは、親がまだ「ひとりでもやっていける」と言うことができるのである。

　息子にとって、親は、基本的にはひとりでもやっていける状態にあるのだから、彼らの介入は最小限にとどまる。また、そもそも彼らは、息子の自分だけで親のニーズを満たそうとは必ずしも思っていない。それゆえ息子たちは、親が友人やケア・サービスに頼ることを肯定的に見ている（Matthews & Heidorn 1998: S281–S284）。逆に、「自分の力で何とかやってみよう」というつもりが親に一切見られない場合、息子は失望や落胆を覚える(3)（Matthews 2002: 242）。

　自身の介入を一時的かつ最小限に留めようとする息子とは対照的に、娘は、親が自分に依存的になること、その依存が次第に強まることを「しかたのないこと」と受け容れやすい（Matthews 2002: 242）。娘のケアの目的は、親が自分のサポートなしにひとりでもやっていけるようにすることではない。娘が目指すのは、自分（のサポート）が親の生活の一部となることによって、親が現在の生活を続けられるようにすることである。

マシューズは、息子のこのような「親の見方」も、彼らが自分のケア体制への関与を過小評価する理由のひとつではないか、と指摘する（Matthews 2002: 244）。前述の通り、息子は、実際には親のサポート——特定の種類のサポート——をまめに行っていたとしても、自分が親のケアに関わっているとは認識していない。マシューズによれば、息子のこのような自己評価は、自分のケアの「失敗」を認めたくないことにも由来している。親がひとりでもやっていける状態に留め置くことを目的とする息子にとって、自分がまめにケアしなければいけない状態に親があると認めることは、その目的が既に達成不可能にあることを意味するからである。

息子によるこのような「親の看方」「親の見方」を踏まえれば、彼らのケアへの関わり方が「限定的」「散発的」だと女きょうだいに報告されることが多い理由は明らかである。息子の姿勢が親のリクエスト待ちなのだとしたら、彼らの手伝いのペースを決めるのは、彼ら自身ではなく親である。しかし、彼らに女きょうだいがいれば、親が彼らのサポートを求める頻度は減る。女きょうだいが「日常的」に提供する手伝いによって、親のニーズはたいてい満たされてしまうからである。そもそも親は、家事などの「女性向き」のしごとを、息子には積極的には求めない（Hequembourg

& Brallier 2005: 60-61)。結果として息子は、親が「男性向き」だと思っており、だからこそ手伝いを頼みやすい力仕事や事務手続きに集中してケア体制に参加することになる。

また、息子は、親の求めに応えるという意味において、親に対しては注意を向けているが、前述の通り、きょうだいと親がどう関わっているかについてはあまり関知しない。マシューズは、男性は（親に対する）「子どもとしての自分」には意識的だが、（他の子どもに対する）「兄弟としての自分」についての意識は希薄である、と指摘する（Matthews 2002: 241）。他のきょうだいとの「連携プレー」が得意ではなく、また、それに積極的でもない息子は、女きょうだいから見れば「補助的」な存在とは言い難いだろう。

さらに、息子は、親がひとりでもやっていける状態＝「常態」に復帰させるための「緊急措置」としてケアを提供する傾向にあるから、「親が『常態』にある」と彼らが見なしている限り、彼らのケア体制への参加は抑制される。サポートの提供を一時的かつ最小限に留めようとする息子のケア体制への参加は、たしかに「限定的」「散発的」なのである。

親をケアする子どもたちについての過去の研究によると、男きょうだいが一人でもいる娘は、そうでない娘よりも強いストレスを経験していることがわかっている（Coward & Dwyer 1990）。マシューズは、自身の発見をもとに、その理由を説明する（Matthews 2002: 244-245）。端的に言えば、娘にとって、男きょうだいはケア体制を動かす上で厄介な存在だということである。男きょうだいは、自分たちと歩調を合わせようとせず、親が頼んだときだけ、しかも最小限の手伝いしかしようとしないからだ。実際、マシューズ自身の調査結果でも、心理的に最も苛まれていたのは、男きょうだいしかいない娘たちだった（Matthews 2002: 245）。

「常に寄り添う」のが「良いケア」なのか——老年学への批判

だが、マシューズは、このような「息子によるケア」に必ずしも否定的ではない（Matthews 2002 : Matthews & Heidorn 1998）。前述のように息子たちはたしかに親にケアを提供しているし、さらに言えば、彼らのケアのスタイルは、親を従属的な位置に追いやることを防ぐはたらきがある、とマシューズはいう。高齢の親は、ケアなしで生活を続けることが難しい。だが、その親のケア提供者になることは、親を自分に依存させ、親の優位に立つことを意味する。息子は、親がまったき依存者になることのないよう、必要なケアは親に判断させ、手伝いを自分に指示させることで、親主導のケア体制を築く。また、親の生活への介入も一時的かつ最小限にとどめることで、支配と従属の関係が固定化しないよう配慮している、とマシューズは指摘する（Matthews & Heidorn 1998: S284–S285）。

マシューズは、一時的かつ最小限のケアが必ずしも「悪しきケア」とは言えない、と述べる（Matthews & Heidorn 1998: S284–S285）。マシューズは、子どもに助けてもらいすぎること（over-support）は助けてもらえないこと（under-support）以上に親の心理的健康に悪影響を及ぼしている（Silverstein, Chen, & Heller 1996）という過去の知見を引きながら、親は、子どもに常にケアされる状態を「望ましい」とは必ずしも思っていない、と指摘する。だが、毎日、あらゆることに関してサポートを提供する「日常的」なケアは、親を子どもに常にケアされる状態に置く。だとすれば、ある意味では「日常的」なケアの方が、親にとっては「良くないケア」になりえる、とマシューズはいう。

カナダの社会学者、ミシェル・キャロルとロリ・キャンベルも、「日常的」なケアこそ「良いケア」だとすることに批判的である（Carroll & Campbell 2008）。キャロルとキャンベルによれば、老年学における研究の多くが、①女性のケア・スタイルは、身体的・感情的ニーズを細やかに汲み取るために「常に寄り添う」スタイルである、②このケア・スタイルは、「自分がすべきことはここまで」と線引きをする男性のケア・スタイルよりも「優れている」、と仮定していることを指摘する（Carroll & Campbell 2008: 25）。だが、「常に寄り添う」「女性らしい」ケアの称揚は、ケア責任の多くを女性が担わされている現状において、当の女性にとって抑圧的な言説にしかならない、とキャロルとキャンベルはいう（2008: 26-27）。例えば、就労する娘たちにとって、親のケアと仕事を両立させるためには、必然的にケアへの関わりを制限せざるをえない。だが、「常に寄り添う」「女性らしい」ケアを「良いケア」とする老年学の暗黙の基準は、常には寄り添っていない彼女たちを、ケア提供者として「劣った」存在にするだけでなく、「女性らしい」ケアをしていないがゆえに、女性としても「劣った」存在として定義することにつながる。

「日常的」なケアへの関わりだけを「良いケア」とすることは、就労する多くの女性たちが、そ

郵便はがき

恐縮ですが切手をお貼りください

112-0005

東京都文京区水道二丁目一番一号

勁草書房
愛読者カード係行

(弊社へのご意見・ご要望などお知らせください)

・本カードをお送りいただいた方に「総合図書目録」をお送りいたします。
・HP を開いております。ご利用ください。http://www.keisoshobo.co.jp
・裏面の「書籍注文書」を弊社刊行図書のご注文にご利用ください。ご指定の書店様に至急お送り致します。書店様から入荷のご連絡を差し上げますので、連絡先(ご住所お電話番号)を明記してください。
・代金引換えの宅配便でお届けする方法もございます。代金は現品と引換えにお支払いください。送料は全国一律100円(ただし書籍代金の合計額(税込)が1,000円以上で無料)になります。別途手数料が一回のご注文につき一律200円かかります(2013年7月改訂)。

愛読者カード

65405-5　C3036

本書名　介護する息子たち

お名前《ふりがな》　（　　歳）

ご職業

ご住所　〒　　お電話（　　）　－

本書を何でお知りになりましたか
書店店頭（　　書店）／新聞広告（　　新聞）
目録、書評、チラシ、HP、その他（　　）

本書についてご意見・ご感想をお聞かせください。なお、一部をHPをはじめ広告媒体に掲載させていただくことがございます。ご了承ください。

◇書籍注文書◇

最寄りご指定書店

市　町（区）

書店

(書名)	¥	(　)	部
(書名)	¥	(　)	部
(書名)	¥	(　)	部
(書名)	¥	(　)	部

ご記入いただいた個人情報につきましては、弊社からお客様へのご案内以外には使用いたしません。詳しくは弊社HPのプライバシーポリシーをご覧ください。

れでも親のケアに関わっているという事実を、不当に評価することにつながる。キャロルとキャンベルは、老年学の研究の多くが前提とする「良いケア」を、このように批判する。

姉妹ばかりが担う「お膳立て」――親のケアにおけるジェンダー不均衡

ところで、力仕事や事務手続きの手伝いといった「男らしい」ケアや、「限定的」「散発的」なケアを考慮に入れれば、娘と息子のケアへの関わりは不均衡とは言えなくなるのだろうか。つまり、「女性の方が男性よりも多くケアに関わっている」という一貫した研究知見は、ケアを狭く定義する――家事の手伝いや介護に種類を限定し、「常に寄り添って」行われるものをケアとする――ことによってつくられた結果（artifact）であり、実際には息子は（娘とは異なった形ではあるものの）親のケアに娘と同程度に携わっている、と言ってよいのだろうか。

フェミニスト老年学者のトニ・カラサンティは、男性によるケアを擁護あるいは称揚する立場の多くは、ケアとして提供されたものにのみ焦点を当てる傾向があることを指摘する（Calasanti 2003）。だが、ジェニファー・メイソンの「感覚的活動（sentient activity）」の概念（Mason 1996：第一章参照）が示唆するように、提供されたものがケアとして機能するためには、さまざまな「お膳立て」が必要である。親のケアに関して言えば、その「お膳立て」とは、親にいま何が必要かを判断し、親がそれを得られるよう、親を取り巻く人々や状況を鑑みながら、誰が・いつ・どのようにそれを提供すればうまくいくかを考えることである。そのような「お膳立て」が行われているからこそ、提供されたケアは、受け手にとって有益なものとなる。カラサンティによれば、女性が家庭でケア労働（care work）をするとき、その「お膳立て」はたいてい自分でしているが、男性の場合は必ずしもそうではない。

結論から言えば、カラサンティのこの指摘は、息子によるケアにも当てはまる。つまり、息子は「お膳立て」の部分を、自分で担うことは少ない。

エイミー・ヘクエンボーグとサラ・ブラリアによる研究は、息子によるケアが女きょうだいの「お膳立て」の上に成り立っていることを示す（Hequembourg & Bralier 2005）。ヘクエンボーグとブラリアは、息子と娘の両方がいる家族に焦点を当て、子どもたちがどのようなケア体制を築いているかを検討している。

ヘクエンボーグとブラリアの研究に登場する息子たちのケアへの関わり方は、マシューズの研究の息子よりも多様である。ヘクエンボーグらは、息子たちを「援助者としての兄弟（helper brother）」と「共働者としての兄弟（co-provider brother）」の二つに分類する（2005：60-64）。「援助者」の息子たちは、マシューズの研究の息子たちに近く、彼らが専ら行うのは、家の修繕などの「男らしい」ケアである。彼らは、それ以外の種類のケアについては、女きょうだいが手伝うよう求めるまでは参加することはない。つまり、「男らしい」ケアを除けば、彼らがしているのは（親というよりも）女きょうだいを手伝うこと、つまり、女きょうだいの「援助者」を務めることである。

一方、「共働者」の息子たちは、「男らしい」ケアに留まらず、家事の手伝いや介護に当たるケアにまで幅広く参加している。実際、彼らには「女きょうだいを手伝っている」という認識はなく、彼らが手伝っていると思っている相手は、あくまで親である。その意味で彼らは、女きょうだいの「共働者」なのである。

ケア体制における「援助者」と「共働者」の貢献は対照的だが、ヘクエンボーグとブラリアは、どちらの息子も「お膳立て」については女きょうだいに依存しがちであると指摘する。親に対して、誰が・何を・いつ・どのように提供するかを考えているのは主として女きょうだいであり、息子たちはそのようなコーディネートに則ってケアを提供していることが多いのである。また、「共働者」の息子が提供するケアの種類は、「援助者」と比べれば幅広いが、それでも女きょうだいと比べれば種類は限定的である（Hequembourg & Brallier 2005 : 64）。

「援助者」の息子のなかには、女きょうだいの求めに応じて、家事などの手伝いをほぼ平等に担っている者もいるが、そのような分担状況も、女きょうだいによるあの手この手の働きかけによってようやく成り立ったものである。息子と娘が平等にケアを担っている（ように見える）状況も、女きょうだいの不断の働きかけという「お膳立て」の上に成り立っているのである(4)（Hequembourg & Brallier 2005 : 62）。

息子たちと女きょうだいの違いが際立つのは、「今後、親をどのように看ていくか」についての計画に関してである。端的に言えば、息子たちは、それをほとんど考えていない。マシューズの研究の息子たち同様、彼らは、親が現在の自立状態を維持できることを望むばかりである。親の経済状況を鑑みて今後どのような選択肢がありうるか、また、それぞれの選択肢について親がどのように思っているか、などを具体的に知っているのは、女きょうだいだけである（Hequembourg & Brallier 2005：64-65）。

ヘクエンボーグとブラリアは、マシューズと同様、息子たちが「必要なケアは親に決めさせてあげたい」と考えていることを報告する。だが、彼女たちは、息子のこのような発言を、額面通りには受け止めていない。なぜなら、「親に決めさせてあげたい」と語る息子に限って、親の現在の生活状況について詳しく知らなかったり、今後の見通しについて何も立てていないことなどが、インタビューから明らかになったからである（Hequembourg & Brallier 2005：65）。「親にイニシアチブを取らせたい」という息子の態度は、その実、将来について何も考えておらず、考えるための判断材料も持っていないことのエクスキューズであると、ヘクエンボーグとブラリアは喝破する。

「家族の虚像」——きょうだいの「絆」に寄りかかる息子

女きょうだいがいる場合、きょうだいのケア体制において、息子たちは女きょうだいに多くを負っている。「共働者」の息子のように、家事の手伝いや介護に相当程度関わっている場合でも、彼らのケアが親にとってケアとして提供するための「お膳立て」は、女きょうだいがほぼ一手に引き受けている。

だが、ヘクエンボーグとブラリアによれば、女きょうだいは必ずしも「自分ばかりがやらされている」と語るわけではない（Hequembourg & Brallier 2005：65–67）。ケア体制における息子たちの参加のしかたは、少なくともある程度は、女きょうだいの働きかけによるものだが、息子たちはもちろん、女きょうだいさえも、現在のきょうだい間の分担状況は「自然にそうなった」と語る傾向があるという。ヘクエンボーグとブラリアは、夫婦間の家事分担を分析したアーリー・ホックシールド（Hochschild 1989）の用語を使って、これは「家族の虚像（family myths）」の一つであると指摘する（Hequembourg & Brallier 2005：66）。「家族の虚像」とは、家族のなかに起こる対立を処理する目的で、事実を曖昧にするよう書き換えられた現実のことである。

女きょうだいの用いる「虚像」を理解する上で、ベリット・インガーソル＝デイトンの研究は示唆的である。インガーソル＝デイトンは、親をケアする子どもたちへの聞き取りをもとに、ケアを分担しようとしないきょうだいに対して、子どもたちがどのように対応するのかを検討している（Ingersoll-Dayton, Neal, Ha, & Hammer 2003）。

インガーソル＝デイトンの聞き取りに参加した子どもたちは、アンビバレントな感情を抱いていた（Ingersoll-Dayton et al. 2003：205–206）。彼女たちは、自分にばかりケアを担わせるきょうだいに不満や怒りを感じる一方で、自分の家族であるきょうだいをそのように悪く思ってしまう自分に、罪悪感を覚えてしまうからである。

子どもたちはきょうだいに対して、公平な分担を求めて働きかけることもある（Ingersoll-Dayton

et al. 2003：206–207)。もっと手伝うように要求することもあれば、ケアに直接関与していない分を金銭で補償するよう主張することもある。だが、そのような働きかけは常に上手くいくわけではない。また、一時的にきょうだいの分担が増えたとしても、やがて元に戻ってしまうこともある。

働きかけが失敗に終わると、きょうだい間の葛藤は顕在化するとともに激化する（Ingersoll-Dayton et al. 2003：207)。子どもたちは、きょうだいに対して、ますます負の感情――それを抱くことで罪悪感を覚える感情――を抱くことになる。だから、子どもたちのなかには、そのような働きかけを敢えてしない者もいる(5)。

かわって子どもたちは、公平な分担を実現するよりも、現在の分担状況を認知的に公平に仕立てあげる方法をとる（Ingersoll-Dayton et al. 2003: 207–209)。子どもたちは、きょうだいを取り巻く状況のなかから、きょうだいが現在のようにしかケアに関わることができない理由を探し出す。そして、きょうだいはきょうだいなりに十分にケアに関わっているのだ、というストーリーを作り上げる。そうすることで、実際の分担は自分の方が多いものの、「それぞれの状況を斟酌すれば、誰も楽をしているわけではない」と、現状を肯定的に捉えようとするのである。きょうだいがケアにこれ以上関わることができない理由として子どもたちが用いるものは、就労状況や育児役割など、さまざまである。これらは、ジャネット・フィンチが言う「正当な言い訳（legitimate excuse)」に当たるものである（Finch & Mason 1993)。フィンチは、「正当な言い訳」を最ももたない子どもが親のケアを担わされることになる、というが、インガーソル=デイトンの研究に参加した子どもたちは、自分が免責されるためではなく、きょうだいを免責するために「正当な言い訳」を用いている。マシューズやヘクエンボーグらと同様、複数の子どもたちに聞き取りを行って、きょうだい関係を分析しているイングリッド・アーネット・コンニディスは、きょうだいへの愛着が強いほど、「正当な言い訳」は（自分ではなく）きょうだいのために用いられやすい、と指摘する（Connidis & Kemp 2008: 237）。逆に言えば、きょうだいとの関係が冷めているほど、「正当な言い訳」を駆使してケア役割の押し付け合いが起こることになる。だとすれば、インガーソル＝デイトンの研究に参加した子どもたちが「正当な言い訳」をきょうだいのために用いて、分担状況を認知的に公平に仕立てあげようとしたのは、きょうだいへの心理的な結びつきのためだろう。きょうだいとの「絆」は、ケア役割を担う子どもたちに自己犠牲を促し、それを容認させるよう機能する。言い換えれば、「絆」の恩恵を享受しているのは、この子どもたちではなく、きょうだいの方なのである。

ヘクエンボーグとブラリアの研究に登場する女きょうだいによる「家族の虚像」も、ケア分担の現状を認知的に公平に仕立てあげることと同じではないか。つまり、彼女たちは、男きょうだいとの「絆」を守るために、語りの中で、自分たちだけがケア体制の維持に努めている、という事実を抹消したのである。きょうだいの「絆」ゆえに、女きょうだいは、自分たちだけが「お膳立て」を担っている、あるいは担わざるをえないという不公平な現状を言挙げしない。そして、それゆえに息子たちは、女きょうだい（の「お膳立て」）に安心して依存し続けることができるのである。

つまり、女きょうだいの「お膳立て」は「二段重ね」である。「一段目」では、息子たちが提供するものが親にとって有益なケアとなるよう、状況をコーディネートする。「援助者」としての息子が、力仕事のような「男らしい」ケアしか行わなかったとしても不備が生じないのは、女きょうだいがその他のケアを引き受けているからである。また、息子たちが家事や介護に携わるときも、そのやり方は女きょうだいによって既に確立されているから、彼らはその手順に則ってケアを提供すればよい(6)。さらに、女きょうだいは、そのようなコーディネートを行っていないかのように振舞う。これが彼女たちの「お膳立て」の「二段目」である。この「二段目」によって、息子は「一段目」の存在を意識せずに済む。実際には「一段目」を用意された時点で、息子は女きょうだいに多くを負っているのだが、「二段目」による「一段目」の消去によって、自分は女きょうだいと同程度に親の生活に貢献している、と認識＝誤認することが可能になる。

「お膳立て」が失われたとき――息子ひとりがケアする危うさ

親のケアをめぐる子どもたちの関係から浮かび上がる、息子による「親の看方」と「親の見方」。そこから示されたのは、親へのケア体制のなかで、息子がいかに依存的な存在であるかということ、そして息子は、自分が依存しているまさにその相手によって、自身の依存性に直面せずに済んでいることである。息子は、必要なケアの判断を親自身に依存する一方、それを「親の主体性の尊重」としてカモフラージュすることができる。また、ケアの遂行のための「お膳立て」を女きょうだいに頼っているにもかかわらず、彼女たちによる事実の書き換え（＝「家族の虚像」）の恩恵を受け、女きょうだいのそうした貢献に気付かずにいられる。

息子の依存先には、親と女きょうだいに加え、彼らの妻も含めることができる（Matthews & Heidorn 1998：S283-S284）。女きょうだいと同じように、彼らの妻も家事や介護といった「女らしい」ケアを引き受け、また、ケアの遂行のための「お膳立て」を行うことで、ケア体制に関わっている。妻がどの程度関与するかは、妻と彼らの親のそれまでの関係にも左右されるが、妻のこうした貢献は、息子に男きょうだいしかいない場合において特に顕著である。

繰り返しになるが、息子はケア体制に貢献していないわけではない。マシューズがいうように、息子たちが得手とする力仕事や事務手続きの手伝いも、確かにケアとして親の生活を支えている。また、キャロルとキャンベルが主張するように、「限定的」「散発的」なケアもまた、ひとつのケアの関わり方として評価されるべきだろう。だが、そのような「男らしい」ケアと、一時的かつ最小限のケア提供だけでは、親のケア・ニーズを満たしえないことも確かである。息子が、そのようなケアだけを提供していても不備が生じないのは、女きょうだいや妻らが「女らしい」ケアを「日常的」に提供しているからである。

女きょうだいは、そのことに自覚的である。ヘクエンボーグとブラリアの研究に参加した娘たちは、「お膳立て」を含め、自分たちばかりがさせられていることに気付いてはいるが、だからといって自分たちが抗議のために手を引いてしまえば、結果として親をネグレクトすることになるのでは、と恐れている（Hequembourg & Brallier 2005：69）。息子たちのケアだけで何とかなるほど、現在の親はひとりでやっていける状態にないことを、女きょうだいは知っている。ネグレクトになることへの恐れから、女きょうだいが率先して「お膳立て」を行い、息子たちが行わない家事や介護を引き受け続けることによって、親が危機に瀕する可能性はなくなる。だが、それゆえに、一時的かつ最小限のケアだけではうまくいかない、という事実に、息子自身が直面する機会もなくなる。こうして、息子たちは自信をもって、自分のケア・スタイルを貫くことができるだろう。

自分たちの「お膳立て」がなければ、親は危険な状態に陥るのではないか、という彼女たちの恐れは、日本において既に現実になっている。マシューズによれば、娘による介入が制限され、親のケアにおける采配が息子に委ねられる条件の一つは、息子（だけ）が親と同居していることである（Matthews 2002：245）。さらに、息子が独身の場合は、女きょうだいに代わって「お膳立て」をする妻もいない。そして、息子によるケアのスタイルが支配的となる息子と親だけの世帯は、日本において、高齢者虐待の発生が最も多い世帯である（春日 2013）。もちろん、すべての息子が「息子らしい」ケアをするわけではないし、マシューズも、息子によるケアの特徴が、あらゆる息子に当てはまるわけではない、と注意を呼びかけている（Matthews 2002：247）。また、ケアのスタイルは変化しうるものである。わたし自身の調査参加者のなかにも、「息子らしい」介護のしかたの問題に自ら気づき、周囲の人々の手を借りながら、介護のしかたを改めた男性たちがいた（平山 2012a）。だが、逆に言えば、「お膳立て」をする女きょうだいや妻がおらず、「息子らしい」ケアを貫いたまま親と二人きりで生活をする息子は、最も危ういということになる。

弱き者を弱き者のまま尊重すること――「息子らしい」ケアの課題

ところで、息子によるケアの特徴の一つである、親の自立を保つという理念は追求されるべきものなのだろうか。親をまったき依存者にさせず、自分と対等な位置に留め置こうとする息子の姿勢は、マシューズには肯定的に評価されている一方で（Matthews & Heidorn 1998：S284-S285）、ヘクエンボーグとブラリアは、「主体性を尊重する」と言って親にすべてを委ねるのは、現状把握も将来予測も不十分な状態へのエクスキューズに過ぎない、と喝破していること（Hequembourg & Brallier 2005：65）は、前述の通りである。だが、それがエクスキューズでないとしたら、そのような理念は、高齢の親に対する姿勢として望ましいと言えるのだろうか。

家族のなかで起こる虐待の問題にカウンセラーとして関わってきた信田さよ子は、子どもに対する虐待を防ぐには、親は子どもと対等な存在になってはいけない、という。

幼い子どもを親と対等視することはしばしば推奨されるが、同時にそれは子どもの現実を無視して法外な能力を子どもに求めることを意味する。子どもの立場に立てば、それはネグレクト（虐待の一種、育児の怠慢・放棄）に他ならない。母が（時には父が）子どもと真剣に格闘することは危険なのである。……自分の力と、弱く小さき存在である子どもの力との圧倒的落差を認めること、自らが支配する権力を持ってしまったことを自覚すること、子どもから見て圧倒的な存在であることへの惧れを抱くこと。虐待への回路を断つためにはこのような親としての自己認識が必要である（信田 2015：49–50）。

信田のこの指摘は、ケアを要する親とその息子の場合にも当てはまるのではないだろうか。日常生活を送ることが身体的にも認知的にも難しくなっている高齢の親に対峙すれば、息子はただそれだけで強者となる。親をいつまでも対等な存在に留め置こうとすることは、親の生殺与奪を握る権力を、自覚なく行使することにつながるだろう。

親を対等な存在に留め置こうとする息子の姿は、男性が支配の誘惑にいかに弱いかを逆説的に示している。相手が弱者だということを認めないことによってしか、相手を従属させることを防げないのだとすれば、それは、相手を弱者と見なしたとたん、自分は相手を直ちに支配してしまう／支配したくなるということを、自覚しているのと一緒である。

息子＝男性にとって必要なのは、相手の弱さを認めないことではなく、弱さを受け容れることである。もっと言えば、相手の弱さを認めた上で、その存在を侵さずに済む回路を探ることである。息子によるケアの問題が男性たちに突きつけているのは、「どうすれば男たちは、弱き者を弱き者のまま尊重することができるのか」という課題なのである。

注

（1） マシューズの類型にはもう一つ「断絶的（dissociated）」が含まれるが、これは「きょうだいとの関係は続いていても、ケア体制には参入していない子ども」を指すカテゴリであるため、参入のしかたの類型からは除外した。
（2）念のために付け加えておくと、息子が頻繁にしている力仕事や事務手続きの手伝いは、それ自体でケアになるわけではない。繰り返しになるが、それがケアになるのは、受け手がその手伝いに依存している場合である。
（3）わたし自身が行った日本の息子介護者への聞き取りでも、何もかも息子に頼ろうとする親について、「だらしない」と不満げに語る男性が何人もいた。
（4）サラ・マシューズも、息子のケアのしかたを変えることは、もっぱら女きょうだいの役割になっている、と指摘している（Matthews 1995：S316）。
（5）ヘクエンボーグとブラリアの研究でも、息子のやり方を変えるよりも、自分ですべてやってしまおうとする女きょうだいがいた（Hequembourg & Brallier 2005：61）。
（6）第一章で指摘したように、ケアにおけるタスクとマネジメントは分離が可能である。息子によるタスクは姉妹のマネジメントのもとで行われており、だからこそ、彼らのタスクは親へのケアとして機能している。

第三章　介護する息子の語り方・語られ方
――「説明可能にする実践」としてのジェンダー

息子介護が「新しい」家族介護であることに異議を唱える人は少ないだろう。序章で見たように、要介護高齢者の主たる介護者が息子であるというケースは、介護保険制度の始まった二〇〇〇年代の初めにおいても、圧倒的少数に留まっていた。娘や義理の娘（嫁）が主介護者に占める割合と、息子のそれとの差が縮まったのは、ここ数年のことである。

第二章でも触れたように、欧米では、親の介護は、ジェンダー差が最も顕著に見られる家族介護であると言われている。もちろん、一般的に女性は男性よりも、高齢の家族のために質・量ともに多くのケア労働を行っている。つまり、家事の手伝いから身体介助まで、家族のなかで女性が高齢者のために行っているケアの種類は男性のそれよりも多く、また、高齢者のケアのために費やしている時間においても女性の方が多いということである。

だが、介護者の続柄で区別してみると、少なくとも欧米では、このジェンダー差は一様ではない。例えば、配偶者のケアにおいては男女の差がほとんど見られない。男性が夫として（妻に）行うケアと、女性が妻として（夫に）行うケアを比べた場合、種類においても時間においても統計的に意味のある差は確認されていない（Arber & Ginn 1995）(1)。

逆に、この差が最も顕著なのが、高齢の親に対するケアである。ケアを必要とする親がいる場合でも、平均的に見て息子は娘ほど多くの種類のケアには携わらないし、娘ほどには多くの時間を費やしていない。その意味では、高齢の家族へのケアのなかで、親のケア以上に、女性がすることが「ふつう」になっているものはない。逆に、親をケアする息子ほど「めずらしい」ものはない。同じケアする男性といっても、ケアする息子は、ケアする夫よりもずっと「めずらしい」のである。

同様のことが日本でもいえるのかどうかは、欧米の調査と比較可能なデータがないため、明確にはわからない。日本ではむしろ続柄による区別なく、介護する男性一般が目新しい存在として扱われているように思われる。研究者の手による論文だけでなくメディアにおける報道でも、男性介護者はひとまとめに取り上げられることの方が一般的のように思える（夫介護または息子介護のどちらかに特化したり、あるいは両者を比較したりする特集がどれだけあるだろうか）。いずれにしても、息子介護を含め、介護に携わる男性の姿は、「目新しい」ものと認識されていることは間違いないだろう。

ところで、一般的に息子が親の介護をしていることが「目新しい」として、当の息子介護者自身は、自分がその役割を担っていることをどのように見ているのだろうか。介護が「女性のしごと」と考えられてきたのならば、息子介護者自身は、男性の自分が親を介護することは「目新しい」ことだと思っているのだろうか。あるいはまた、自分を男性として特殊な存在だと見なしているのだろうか。

本章では、息子介護者の語りから、これを検討したい。つまり、息子介護者自身は、自分が行っている親の介護をどのように説明する（account for）のか、また、その説明のなかで、自分が「息子／男性であること」は、どのように関連付けられているのか。それが本章の問いである。

「息子／男性であること」は、介護を行う上で困難をもたらすと考えられがちである。実際、介護する男性に関する多くの調査研究では、彼らが経験する困難に焦点を当てている。だが、「息子／男性であること」は、常に困難として経験されるわけではない。ケア労働を「女性のしごと」と位置付ける言説構造のもとでは、介護する男性はメリットも得られる。例えば、男性が「ふつう」は担わない介護だからこそ、それに取り組む男性が称賛の的になることもある（Davidson, Arber, & Ginn 2000 : Rose & Bruce 1995）。男性自身の主観的経験においても、既存の言説がポジティブに作用する場合がある。例えば、わたし自身の調査でも、「男性は一般的に家事が不得手である」という言説が、息子介護者の家事能力に対する自己評価の基準を下げ、それゆえに介護の負担感を緩衝しているケースがあった（平山 2014 : 134-136）。

つまり、性別分業の再生産を水路付けるような言説——親の介護は「男性のしごと」ではないと示唆するような言説であっても、それが息子介護者にとって常に障壁となるわけではない。重要なのは、それらの言説を息子介護者自身がどのように用いるかである。それらの言説を、自分が行っている介護とどのように結びつけて理解するかによって、介護することはストレス源にも、心理的報酬を得る機会にも、どちらにもなりうる（Calasanti 2003）。

Doing Gender

息子介護者は、自分が「息子／男性であること」と関連付けて、親を介護していることをどのように説明するのか。キャンディス・ウエストとドン・ジンマーマンは、ある個人が属する（と見なされる）性別カテゴリを参照して、その個人の行為や置かれた状況を説明可能（accountable）にする実践をジェンダーとして定式化した（West & Zimmerman 1987）。性別カテゴリには、それと結び付けられた特定の性質や活動などがあり（例えば「ケア＝女性の責任」）、そのような規範的な結び付き――「性別カテゴリの制度的配置（institutional arrangements of sex categories：以下『制度的配置』）」――を用いて行為や状況を理解し説明することによって、ジェンダーという差異化が行われる。その意味で、ジェンダーとは「行うこと（doing）」である。(2)

例えば、男性の社会的行動を説明するとき、「彼らは『男らしく』あろうとして、そのように行動しているのだ」と言われることがある。また、そのような「男らしさ」自体がジェンダーだと理解されている場合もある（「ジェンダー＝『社会文化的性別』」という理解）。だが、ウエストとジンマーマンによれば、そのように説明することがジェンダー（を行うこと）なのである。その説明においては、「男らしさ」は行動の原因として用いられており、また、それを原因として用いることによって、男性（という性別カテゴリに属する者）の行動をそのように説明することが可能に（＝説明可能に）なっている。「男性とは、女性とはどのようなものか」「両者はなぜ・どのように異なっているのか」――性差に関する現実は、このような「説明可能にする実践」によって構成されているのである。

ウエストとジンマーマンの定式化＝doing genderは、しばしば「『女らしさ』『男らしさ』を実践すること」だと誤解・曲解されてきた。例えば、フランシーヌ・ドイッチは、「女らしさ」「男らしさ」の規範に沿わない実践のことをundoing genderと呼んでいる（Deutsch 2007）。また、ウエストらが「doing genderはあらゆる場面で行われうる」と主張したこと（West & Zimmerman 1987）について、「いつでも・どこでもわたしたちが『女らしく』『男らしく』振る舞ってしまうかのように主張する彼女たちは、わたしたちは規範に抵抗することも可能だという事実を無視している」と、誤解にもとづく批判も受けてきた（例えばRisman 2009）。だが、ウエストらが「あらゆる場面で行われうる」と言ったのは「女らしさ」「男らしさ」を用いた「説明可能にする実践」のことである（West & Zimmerman 2009 : 117–118）。また、「女らしさ」「男らしさ」は、それらを受容する行為だけでなく、それらに抵抗的な行為、それらから逸脱した行為を説明可能にするためにも用いられる。「女らしさ」「男らしさ」とはどのようなものかを知った上で、それらを参照しているからこそ、わたしたちはある行為が「『女らしさ』『男らしさ』に抵抗している」「逸脱している」と分かる（＝説明可能になる）からである。

したがってdoing genderは、「制度的配置」に抵抗的な行為を否定するものではない。他方でウエストらは、そのような抵抗が必ずしも構造を変動させる契機になるとは考えていない（Fenstermaker & West 2002：211-212）。明確に抵抗する／したいときほど、逆説的にわたしたちは「女らしさ」「男らしさ」に頼らざるをえないし――そうでなければ何が抵抗になるかわからない――、また、そもそも行為の意図からその効果を断定することはできないからである。どのような状況のもとでどのように「制度的配置」を用いることが、その「制度的配置」に対してどのような効果をもつのか、という問いは、経験的に検討すべきである、とウエストらは述べる（2002：214）。

息子介護の説明可能性

本章が検討するのは、息子介護者の doing gender であり、彼らが、息子＝男性である自分が介護していることを説明可能にする実践である。彼らは、自分の意思で親の介護をしていると説明するかもしれないし、せざるをえなかったのだと説明するかもしれない。あるいは、介護が自分にとって難しいと説明する場合もあれば、やりやすいと説明することもあるだろう。いずれの説明においても、彼らの説明はどのようにして可能になっているのか。例えば、彼らの説明は、彼らが置かれた状況とどのように関連付けられているのか。また、息子や男性であることに関わるどのような言説をその前提として用いているからなのか。さらに、息子介護者によるそのような説明可能にする実践は、「制度的配置」をどのように維持・強化し、あるいは逆に、どのように再編成を迫る可能性があると考えられるか。

本章ではそれを、わたしが行った聞き取り調査のデータをもとに検討する。調査は半構造化面接によるもので、息子介護者三七名にそれぞれ個別に聞き取りを行った[3]。聞き取りを行った息子介護者は、大多数が都市部もしくはその近郊に居住していたが、そのほかの背景事情は多様である。年齢は三〇代から六〇代までと幅広く、家族構成もさまざまである。配偶者がいる者といない者はおよそ半々含まれているし、きょうだい構成も一様ではない。一人っ子もいれば、男きょうだい、女きょうだい、その両方がいる場合もある。就労状況も多様であるし、職種にも突出して多いものがなかった。なお、同居介護と別居介護の割合はほぼ半々だったが、少なくとも面接当時、親が介護を受けている場所はすべて親の自宅（息子が同居している場合、それは息子の住まいでもある）だった。

互酬性という動機づけ

前にも述べたように、介護も含めたケア労働は「女性（向き）のしごと」として位置付けられている。だが、三七名の息子介護者のなかには、自分がしている親の介護を「男性である自分がすべきではないしごと」「する必要のない（のにしている）しごと」として語る男性は誰もいなかった。むしろ逆にほぼ全員が、親を介護することを「自分がしなくてはならないこと」として語っていた。その際に、彼らが言及していたのは互酬性（reciprocity）である。彼らは皆、かつて自分が親に世話になってきたことに触れつつ、親が世話を必要としている今だからこそ、自分が面倒を看なくてはいけない、と語った。特に、若い時に親に苦労をかけたという息子たちは「当然（介護を）しよ

う と思っていた」と言い、親の介護を自分の「やるべきこと」として位置づけていた。

僕の父は、僕らが物心つく前に亡くなりまして、母は僕ら兄弟をほぼ一人で育ててくれました。あの時代に女親が一人で子どもを育てるのって今よりずっと大変だったと思うんですけど……僕ら二人とも大学まで行かせてもらいました。……たぶん昔から「今度は俺が（母の）面倒を看るんだぞ」「迷惑かけた分ちゃんと恩返しするんだぞ」って思ってたと思います。それは弟も同じ気持ちだったと思います。

もちろん、なかにはもっと消極的で、自分が介護することに納得しきれていない息子介護者もいた。だが、その場合でも、彼らはそれを「自分が男性であること」に関連付けて語ったわけではない。彼らが消極的な理由は、彼らによれば「親にそこまで何かをしてもらったという気持ちがないから」である。例えば、父親を介護している息子の一人は、彼がまだ子どもだった頃、その父親のせいでいかに家庭が荒れていたか、そのせいで自分がいかに心理的に苦しかったかを語った。それでも、いやいやながら父親の面倒を看ているのは、その父親が介護サービスはもちろんのこと、子ども以外の世話になることを拒否し続けているからだという。

積極的に自分のすべきことだと語る場合でも、逆に、不本意ながらしていることだと語る場合でも、そこで参照されているのは過去の親との関係と、互酬性である。言い換えれば、彼らが「なぜ今、自分はこのように介護しているのか」を説明することを可能にしているのが、互酬性だということである。ここで言っているのは「親からどの程度の世話を受けた（と思っている）か」が、息子が介護をするようになる原因だということではない。そうではなくて、「なぜ今、自分はこのように介護しているのか」が自分にとって「わかり」、また、それを他者に「言える」ために用いられているのが、互酬性だということである。(4)

女きょうだいをどのように免責しているのか――「嫁役割」の逆説

だが、受けた世話を返すという互酬性を用いることによって、親を介護しなければいけないことが説明可能になったとしても、その互酬性は、なぜ彼らが介護者になったのか、言い換えれば、なぜ他の者ではなかったのかを説明しうるものではない。彼らのなかには少なくとも一人以上のきょうだいがいる者も多く（むしろ一人っ子は少数派であった）、したがって、彼らと同じように親に世話になった子どもが他にもいるはずだからである。だとすれば、他の子どもたちではなく彼らが主たる介護者になっていることを、彼ら自身はどのように説明するのだろうか。

このことは、女きょうだいがいる息子介護者にとって、特に難しくなりそうに思われる。本章冒頭でも指摘した通り、娘＝女性が親の介護者になることを「ふつう」にする構造は根強い。実子介護が現在の趨勢だといっても、そこでは性別役割分担が依然として行われており、家族介護者に占める割合で見れば、息子による介護は娘による介護よりも少ないままである。しかし、息子介護者たちにとって、「(きょうだいではなく)なぜ自分なのか」は「自明」であるようだった。介護者役割をどの程度積極的に引き受けたかどうかは別としても、「自分が介護しているのはなぜか(あるいは自分がするしかないのはなぜか)」を、確かに彼らは「わかって」いたのである。

まず、一般的に見て、彼らよりも介護者になる可能性が高かったかもしれない女きょうだいについて、彼らがどのように語っているのかを見ていこう。

女きょうだいと比較した場合に「なぜ自分なのか」を語る際、姉妹のいる息子介護者のほとんど全員が参照していたのは「嫁役割」である。彼らの女きょうだいは全員、既婚者だった。「なぜ姉妹ではないのか」という理由として彼らが挙げたのが、姉妹には、その夫や子ども、そして夫方の親族の世話(をする義務)があるから、というものである。とりわけ、夫の親(舅姑)が高齢である場合は、必ずそれに言及していた。ただしこれは、必ずしも婚家の人々が実際に世話を必要としているという意味ではない。姉妹の子どもたちは全員が幼いわけではないし、舅姑が高齢の場合でも、必ずしも要介護状態にあるわけではない。ここで用いられていたのは、あくまで規範である。つまり、結婚している女性が自分自身の親の世話にばかり専念することはできないし、それを期待するのも無理だろう、という、規範を用いた理解である。

そもそも論として、嫁に行った人間に頼むわけにはいかない。向こうの親御さんの手前もあるし、そっちほっぽって、ずっと実家の親にくっついてるっていうわけにもいきませんよね。そうなると男の方がずっとやりやすいんですよ。嫁ぎ先の家の（親の）面倒看なきゃ、みたいな縛りがないから。

女きょうだいと比較した場合に「なぜ自分なのか」を説明するときだけでなく、女きょうだいによる介護への貢献を評価する際に言及されていたのも、やはり「嫁役割」である。息子介護者の語りによると、親のところにまったく顔を出さない女きょうだいはいないようだった。息子介護者は、女きょうだいがどの程度介護に関与しており、それを彼らがどのように見ているかについて、たびたび言及していた。

ただし、女きょうだいの貢献とその評価を語る際の「嫁役割」の用い方は、「姉妹ではなくなぜ自分が主介護者なのか」を説明する際の「嫁役割」の用い方とは、やや異なっていた。前述のように、「なぜ自分なのか」を語る際には、姉妹が結婚していることそれ自体が免責理由になっており、夫方の家族が実際に世話を必要としているかどうかは問題ではなかった。対照的に、女きょうだいの貢献を評価する際には、彼女たちの舅姑が実際に世話を必要としているかどうかが必ず言及されていた。例えば、次の二つの引用は、ともに妹が少なくとも週に一度は手伝いに来ているという息子介護者の語りの一部である。

妹は、よく手伝ってくれてると思ってます。私一人ではやりづらいことも分かってて、そういうのはちゃんとやってってくれますね。……向こうのお母さんもリウマチで結構大変みたいなんですが、週に一度はちゃんと顔出しに来てくれますから。

来ようと思えば、（妹は）もっと来れるんですよ。子どもだってもう手がかからないはずだし、お姑さんだってまだうちの（母）に比べりゃ全然元気なんですよ。……週一しか来ないで、来たら来たで張り切っちゃってね。そんなにやりたいなら毎日来りゃいいんですよ。

どちらの語りでも、姑がどの程度世話を必要としているかが参照されており、また、それが同じように参照されているからこそ、「妹が週に一度来ること」への評価は対照的になる。一人目の息子介護者が「（妹は）よく手伝ってくれてる」と言えるのは、彼女が世話をする義務がある（と考えられている）姑の存在を前提としている。逆に、姑が「全然元気」だからこそ、二人目は「もっと来るべき」という主張をすることができている。つまり、妹の関与をこのように説明可能にしているのは、「嫁いだ娘には婚家の親の世話をする必要がある」という規範であり、息子介護者が知っている限りでの姑の世話の必要性である。

以上のように、「非伝統的」な存在である息子介護者にとって、女きょうだいではなく「なぜ自分なのか」が「自明」になりえたのは、「嫁役割」という「伝統的」な規範に依拠してこそであった。ウエストらの定義に従えば、これはdoing genderに含めうる。Doing genderは、「制度的配置」

を用いて説明可能にする実践だが、「嫁役割」はまさしくこの「制度的配置」に当たるからである。

ところで、ウエストらは人々の doing gender が既存の「制度的配置」に対してどのような効果をもちうるかは、それぞれ経験的に検討されるべき問題だとしたが（Fenstermaker & West 2002 : 214）、息子介護者のこの doing gender は、「制度的配置」を単純に再生産するだけとは、必ずしも言えない。たしかに表面的には、彼らは「嫁役割」を奉じ、それに従っているだけにも見えるだろう。だが、規範を用いて「なぜ自分なのか」を説明可能にする実践を通して、彼らは、そのそばから規範を切り崩すような言説を編んでもいる。例えば、さきに引用した息子介護者の語り（「男の方がずっとやりやすいんですよ。嫁ぎ先の家の面倒看なきゃ、みたいな縛りがないから。」）では、「親の介護を担うのは男性の方が容易である」と説明されている。このような論理は、「ケア＝女性の責任」という規範に対抗する言説になりうるからだ。

ここで改めて指摘しておきたいのは、彼らは規範に意図的に抵抗しようとしているわけではない、ということである。むしろ、「嫁役割」という規範は当然の前提として温存されている。にもかかわらず、彼らがそれを用いて「なぜ自分なのか」を説明可能にする実践は、結果的に「制度的配置」に対抗する論拠を生み出しており、その意味で「制度的配置」は挑戦を受ける可能性がある。

主介護者にはなるが、単独介護者にはならない——男きょうだいに用いられる基準

次に、男きょうだいと比較した場合に「なぜ自分なのか」を説明する息子介護者の語りを見てみ

よう。一般的には、男きょうだいは介護者候補から外されやすいと考えられているが、それは女きょうだいと比較した場合である。実際、親の介護に関する娘＝女性たちの語りを見てみると、彼女たちは男きょうだいを、ただ「男である」というだけで、介護の主な担い手としては期待していないことが多い（中西 2009：112）。だが、主な介護者が息子である場合には、事態はもう少し複雑になる。というのも、主な介護者である息子（＝息子介護者）自身も、男きょうだいと同じ「男である」から、ただ「男である」というだけで男きょうだいを介護者候補から外してしまうと、息子介護者にとって「なぜ自分なのか」が不明になる可能性がある。だとすれば、息子介護者は、男きょうだいではなく「なぜ自分なのか」をどのようにして言うことができるのだろうか。

息子介護者はこれを、「息子＝男であること」とは非関与な基準を用い続けることによって説明可能にしていた。彼らが参照していたのは、男きょうだいと比べた場合の相対的な「都合の良さ」である。具体的には、親との物理的距離が自分の方が小さいこと、仕事の忙しさから判断して自分の方が可処分時間が多いことなどである。

この基準は、「嫁役割」に比べて「開かれた」基準である。「嫁役割」を用いれば、既婚の女きょうだいは必ず実親の介護者候補から外れるし、したがって「嫁役割」は、彼女たちを「除外」する以外に用いようがないだろう。[5] 対照的に、「都合の良さ」という基準は「なぜ自分なのか」を説明しうる一方、男きょうだいとの分担がいかにアンバランスなものかも説明し、男きょうだいをむしろ介護に引き込むという、分担の再交渉を促すためにも用いられていた。

例えば、ある息子介護者は「(弟は)電車で二〇分もあれば(親の家に)来られるんです」と言っていた。彼は、親の家から電車で一駅五分のところに住んでおり、自分の方が近くて、何かあった時に便利だから主に親を介護していると語っていた。だが、「なぜ自分なのか」を「言える」ために用いられていたこの距離は、弟が十分に参加していないと「言える」ためにも用いることができる。つまり、これらの基準は、男きょうだいが主たる介護者にならなくてよいということ(つまり免責すること)も、彼らがもっと参加するべきだということ(つまり責任を求めること)も、どちらも説明可能にするものであり、その意味で「嫁役割」よりも「開かれた」基準なのである。(6)

ところで、老親扶養に関する伝統的な規範には、「嫁役割」とともに「長男役割」がある。実際、多くの息子介護者は長男だったので、この規範を用いれば「なぜ自分なのか」はより「わかりやすく」なるはずである。しかし、「長男役割」を参照した息子介護者は意外なほど少数であり、ほとんどの場合、「なぜ自分なのか」は「都合の良さ」によってのみ説明されていた。つまり彼らは「都合の良さ」のみを用い続けることによって、男きょうだいに参加を迫ることを説明可能にする余地を残している。「長男役割」を用いれば、長男である彼らは、次男以下の男きょうだいが参加しなくてよいことを認めざるをえない(それ以外の説明可能性がない)。規範は従うものではなく、このように説明可能にするために、状況に応じて用いられるものなのである。

息子がやるべき、息子だけでやるべき

息子介護者が「なぜ自分なのか」を説明可能にする実践は、「制度的配置」を動揺させる可能性を有している。さきに指摘したように、「嫁役割」を用いて「なぜ自分なのか」を説明することを通して、彼らは意識的ではないにしろ、男性が介護役割を担うべきと訴えるような言説（「息子＝男性の方が親の介護に携わりやすい」）を編み出すことになった。また、男きょうだいとの関係において「都合のよさ」のみを参照することは、結果として、息子＝男性のみで親を介護する体制をつくることに繋がっていた。男女両方のきょうだいがいる場合、男きょうだいには「嫁役割」のような明確な免責理由が見当たらない。そのため、息子介護者が、介護にもっと参加するよう圧力をかけていたのは、女きょうだいではなく男きょうだいの方だった。

ただし、彼らがこのように振る舞うのは、彼らが既に息子介護者であるからであり、自分が親を介護しているその状況を「都合のよさ」で説明可能なものとして構成した結果である。「女きょうだいには手伝わせられない」とか「男きょうだいだけで親を介護したい」といった意思が元からあったから息子介護者になった、とは必ずしも言えないことに注意が必要である。

女性の／という地位――なぜ独身の女きょうだいは現れなかったのか

ところで、面接を行った息子介護者のなかに、独身の女きょうだいがいる男性は一人もいなかったことは、さきにも述べた。これは、参加者のなかにたまたまそのような息子介護者が含まれてい

なかった、と見ることも可能ではあるが、そのような息子介護者自体が非常に稀なのではないか、とも考えられる。

そのように考えられる理由の一つに、息子介護者たちが、女きょうだいの就労状況については「嫁役割」ほどには言及しなかったことがある。言い換えると、女きょうだいと比較する場合には、彼らはほとんど「嫁役割」によってのみ「なぜ自分なのか」を説明していた。実際には、彼らの女きょうだいがいわゆる専業主婦ばかりでないことは、彼らの語りからわかっている（つまり女きょうだいのなかには就労している者もいる）。しかしながら、女きょうだいの就労状況は、少なくとも彼らが「なぜ自分なのか」が「わかる」ための決定打としては用いられていないのである。

もし彼らの女きょうだいが独身で「嫁役割」がなく、だが就労によって可処分時間が限られていたとしたら、彼らは彼女たちを介護者候補から外すことができただろうか。少なくとも男きょうだいに対しては、可処分時間は「なぜ自分なのか」と「言える」ために用いられていた。同じことが独身の女きょうだいにも起こりえるだろうか。

これはあくまで推測になるが、おそらく、その女きょうだいが、たとえ相当に時間的拘束の厳しい仕事に就いていたとしても、そのような除外はほとんど起こりえない。というのも、数名の息子介護者から、それを示唆する語りを得ているからである。

結論から言えば、「説明可能にする実践」という doing gender において彼らが参照するのは、きょうだいの実際の就労状況だけでなく／というよりも、そのきょうだいが属する性別カテゴリ（女か男か）であり、また、そのカテゴリに属することできょうだいが得られる可能性のある社会経済的地位である。例えば、息子介護者のなかには、独身の姉妹がいれば親の介護はその姉妹に任せ、自分は経済的支援に専念するだろう、ということを明言する男性たちがいた。

やっぱり社会の関係とかで、今、平等になってきたとはいえ、女性の方が収入が低いというのはありますよね。だからそういうところで、例えば、私に妹がいて、妹に「同じように稼げ」というのは難しい。だから、お金で自分がカバーをして、その分「直接的な部分」は妹に多めにカバーをしてもらって、というのが現実的なのかな、と思います。

この発言をした息子介護者には、実際には独身の妹ではなく独身の弟がいる。そこで、その弟の収入が自分よりも低いとしたら、弟に介護を任せ、自分が弟を経済的に支えるという分業体制を敷くかどうかを尋ねたところ、彼はこのように否定した。

それは全然ちがう話です。今はたしかに多少向こうの方が少ないですけど、彼が辞めるとなったら、彼の一生分、私がカバーしないといけないけど、そこまでの差はこの先もつきませんから。それを辞めさせるとなると、それはそれだけの覚悟をしないといけないと思うんですね。

つまり、妹の場合に分業体制が敷けるのは、弟と違ってこの先、収入に「そこまでの差」がつくと予想されるからである。そしてそれは、妹が「女性」であり、その「女性」は「社会の関係とかで」「平等になってきたとはいえ、……収入が低い」ままだからである。

社会経済的なジェンダー格差は、「嫁役割」のようなジェンダー規範とともに、「制度的配置」に含まれるものである。Doing genderは、他者が属する性別カテゴリと、この「制度的配置」を資源として「説明可能にする実践」である。独身の妹という他者は、「嫁役割」がないことに加え、生涯に渡って男性よりも稼得能力が低い「女性」という地位に属することにより、「『直接的な部分』を多めにカバー」することが求められてしまう。

男きょうだいや既婚の女きょうだいとの比較において、息子介護者が「なぜ自分なのか」を説明可能にする実践は、「制度的配置」に疑義を呈するものになりうる。だが、きょうだいが独身の女性である場合、そもそも息子が介護者になること自体が難しく、「説明可能にする実践」はこのとき「制度的配置」を維持する方向、性別分業を再生産する方向へと向かう可能性が高い。

山根純佳（2010）は、性別分業に受容的な実践を行うか、抵抗的な実践を行うかどうかは、「資源配分構造」と「言説構造」の組み合わせから成る状況をどのように解釈するかによることを、理論的・実証的に示した。山根のいう「構造」は、ウエストの議論における「制度的配置」に相当し、また、社会経済的地位は「資源配分構造」に、「嫁役割」は「言説構造」にそれぞれ含まれると考えられる。つまり、これらの「構造」は、doing genderという「説明可能にする実践」の資源である。だとすれば、もし女きょうだい個人の社会経済的地位だけでなく、女性一般の社会経済的地位が高まり、つまり、「資源配分構造」そのものが変容するとき、doing gender は現在とは同じようにはなされず、独身の女きょうだいがいる息子介護者は今よりもずっと増えるだろう。女性全体の社会経済的地位を向上させる政策的イニシアチブはその意味でも重要なのである。

なぜ妻ではなく自分なのか――「嫁役割」というデフォルト

ところで、面接を行った息子介護者の家族構成についてさきに述べたように、彼らのおよそ半数は結婚していた。つまり、彼らの半数には嫁がいる。女きょうだいとの比較において彼らがほぼ必ず参照していた「嫁役割」に依拠すれば、この嫁たちは最も介護者になりやすかった存在とも言える。(7) この息子介護者たちにとって、妻ではなく自分が親の介護をしていること(せざるをえないこと)は、どのように理解されているのだろうか。また、その理解は何によって可能になっているといえるだろうか。

妻ではなく「なぜ自分なのか」を語る際に、息子介護者が挙げた理由はさまざまである。(8) 一つは、妻の身体的・精神的健康の状態であり、健康状態の不調のため妻に介護を任せることはできない、というものである。これに言及するのは、たいてい親と同居している息子介護者であり、妻の不調は同居のストレスによるものであることが指摘されていた。

正直言うと、いちばん（介護を）手伝ってもらいたかったのは嫁さんなんです。それで、親と同居することにもしたわけですし。でも、まあ、こんなこと（＝妻が倒れる）になってしまって、私がやらざるをえない。……義理の親子っていうことで、いろいろ気分的に、あったのかもしれませんね。

この引用が示すように、妻の不調、および、それにともなって自分が親を介護することになったことは、同居の息子介護者にとって不測の事態として語られていた。だとすれば、これが暗に示唆するのは、同居をしている時点で彼らは、当然妻が介護するものだと思っていた、ということである（それを前提としなければ、不測の事態として語ることはできない）。さらに言えば、彼らは、同居するのがストレスになるほどの親（妻にとっての舅姑）であっても、妻は、その親の介護に当たってくれるはず、と考えていたことが露呈している。彼らが「妻の不調は同居のストレスのせい（かもしれない）」と語るとき、彼らは、そのようなストレスを妻が以前から抱えていたことを、たしかに知っていたことを示しているからである。

二つめは、最初の理由と重なるが、妻と自分の親との不和である。これには、介護どころではないほどに実際に両者のあいだに衝突が起こっている（と語られている）ものだけでなく、対立が表面化しているわけではないが妻と親のどちらか、あるいは双方が互いをあまりよくは思っていない（と息子が感じている）ものも両方が含まれる。

今はこうして（親と）離れて暮らしてますから、（妻と母は）顔を合わすこともありませんけど、やっぱり、嫁と姑っていったらいろいろ出てくるじゃないですか。それなら、まあ、私が間に入るみたいな形で、向こう（＝母の自宅）へ通うのは私がいいんじゃないかっていうことで、こうなってます。

一つめも二つめも義理の親子（舅姑―嫁）の関係が原因で息子が介護をせざるをえなくなった、という説明だが、この二つはある一点において対照的である。妻と親の不和そのものが理由となっている二つめでは、介護する側とされる側の関係が良好でなければ介護は不可能である、ということが前提とされているが、一つめでは、さきに指摘した通り、ストレスを感じるほどに関係が良くなくても、妻は親を介護できる（あるいは介護すべき）と考えられているからである。

三つめは、他の家族をケアする責任である。この場合にほぼ必ず言及されていたのが、妻は妻自身の親の世話をする必要がある、というものだった。

家内は家内で、うちより高齢のお母さんがいますから。一人っきりで生活してるから心配みたい。家内にはそっちに行かせて、うち、共働きじゃなくて、共介護（笑）。

妻自身の親の世話は、息子介護者が「なぜ自分なのか」を語るときだけでなく、彼らの親の介護を妻が手伝ってくれていることを評価したり感謝したりする際にも言及されていた（「自分の親のこともあるのに、こっちの手伝いまでしてくれる」）。

指摘しておきたいのは、夫（息子）と妻、双方の親がケアを必要としていることは、妻が（夫の親の介護から）「免責」される理由ではあっても、夫が（妻の親の介護から）「免責」される理由としては決して語られないことである。双方の親がケアを必要としているときに、配偶者の親の介護を「しなくてもよい」のは妻だけであり、夫が配偶者の親の介護の担い手になることは想定されていない。

他の家族をケアする責任については、子どものケアが言及されることもあった。

一つはやっぱり、子どもが小さいので、お母さんがついていていてあげてほしいっていうこと。面倒を看てあげる必要がある家族が、母親と子どもと二人いるので、子どもの方はお母さんに看てもらって、母親の方は僕が看るようにして、夫婦で分担しています。

ここでもやはり、息子にとって、妻が彼の親の介護者候補であることは前提になっている。それを前提にしない限り、「自分の子ども」へのケアと「自分の親」へのケアの両方が、夫婦のあいだで分担すべきことがらにはならない。また、妻が子どもの世話をしている（しなければいけない）ことが、夫が自分の親を介護していることの理由になるのは、子どもの世話がなければ妻が有力候補になっていたことを示唆する。つまり、この三つの説明ではどれも、妻が夫の親を介護するという「嫁役割」はデフォルトにされている。健康状態の不調、妻と親の関係不和、他の家族へのケアといった事情が、妻ではなく「なぜ自分なのか」の理由になるのは、「嫁役割」を参照しているからであり、逆に言えば、「嫁役割」を所与としているからこそ、これらの事情に照らして、夫が「なぜ自分なのか」が「わかる」(=説明可能になる)のである。

ただし、ごく少数ながら、これらとはまったく違う説明を行う息子介護者もいた。彼らによれば、彼らの妻が彼らの親を介護する理由は見当たらない。というのも、彼らのなかで、親の介護はあくまで定位家族(独立するまでともに過ごした家族)の問題として捉えられているからである。

——奥さまに手伝ってもらおうとは思われなかった?

それはね、どうだろうね。ふたり、近くないから。

——近い、っていうのは、親しさの意味で、でしょうか?

いや、もともと家族じゃないっていう意味。私や弟と違って、生まれたときからつながってるんじゃない。だから、彼女がやらなきゃいけない理由が本来ない。

少数の息子介護者によるこのような説明は、「嫁役割」をデフォルトとするさきの説明とは対照的である。さきの説明では、「なぜ自分なのか」は「嫁役割」の遂行を不可能にする事情があることから理解されていたが、こちらの説明では、妻が介護者候補ではないことの方がデフォルトであり、そのデフォルトが変わっていないこと、言い換えれば、候補者に「昇格」させるべき理由がないことによって理解されている。

妻の就労は何を難しくしている（と理解されている）のか

息子介護者たちが、妻ではなく「なぜ自分なのか」をどのように説明するかはこのようにさまざまである。一方で、彼らが「なぜ自分なのか」を語る際に、少なくともこのデータにおいて、ほとんどそれと関連付けて語られなかったことがあった。それは、妻の就労である。

男性介護者の増加に関する説明では、就労している女性が増えていることが、しばしばその要因の一つとして指摘される。だが、少なくともわたしが出会った息子介護者のなかに、妻ではなく「なぜ自分なのか」を語る際、妻の就労をその第一の理由として語る者はいなかった。これは別に、彼らの妻のなかで就労している女性がいない、ということではない。また、「なぜ自分なのか」を語る際に、妻が働いていることにまったく触れないというわけでもない。ただ、次の引用のように、それは必ずしも「決定打」としての理由ではない。

妻の方は、週三くらいで自分の母親を介護しに行ってますから。本当はもっと行きたいみたいなんだけど、仕事っていうか、アルバイトみたいなやつだけど、それくらいが限度みたいね。

何とか時間つくって自分のおふくろさん看てるのに、その上だんなの親までなんて難しいですよ。

このように、夫の親の介護に携わることを難しくさせる第一の理由とされる「しごと」は「女性のしごと」、つまり（他の家族への）ケアであり、妻の就労は、その「女性のしごと」の遂行をより難しくするものとして位置づけられている。そして、就労によって妻の「女性のしごと」がより難しくなっているからこそ、息子介護者は「妻には自分の親の介護まで任せられない」と語っているのである。彼らの語りのなかで妻の就労は、夫の親の介護に携わることを直接的に難しくしているものとしては用いられていないのである。

息子介護者にとって、妻ではなく自分が親を介護していることを説明可能にしているのは、ケアを「女性のしごと」とする「制度的配置」である。息子介護者が、妻ではなく「なぜ自分なのか」が「わかる」ためにまず用いているのは、妻の就労ではなく、この「女性のしごと」の方だった。Doing genderでは、「制度的配置」を用いて説明可能にする実践を通して、そのような「配置」は「自然」で「ふつう」となる（West & Zimmerman 1987）。既婚の男性が自分で自分の親を介護するという「非伝統的」な夫婦関係においても、既存の性の「配置」はそれを前提とされることで、自明視された「ふつう」であり続けている。

施設介護のほうが良いと「言える」とき

ところで、息子介護者にはきょうだいや妻といった家族以外にも「介護者候補」がいる。それは、施設での介護である。これまでの調査では、面接した息子介護者のうちの数名が親を施設に入所させることを決めており、その手続きを既に済ませている者もいた。これまで在宅での介護を続けてきた彼らは、施設入所への決定をどのように説明したのだろうか。

彼らの説明はほぼ共通しており、言及されていたのは「家族への／家族としての義務を果たす方法」としての施設入所である。

ある息子介護者は、優れたケアを提供してくれる施設を選んであげることも、要介護の親の生活を支える子としての義務を果たすことになる、と語る。彼は、ケアマネジャーに教えられて見学した施設での食事の様子や、室内の清潔さを詳細に語りながら、「とてもじゃないが、自分にはあそこまでやってあげられない」「自分の介護に（親を）付きあわせるくらいなら、あそこで生活させてあげる方がよっぽど幸せなんじゃないか」と述べた。自分の義務は親にとって質の良い介護を受けさせてあげること。だとしたら、その介護は自分自身がしなくてもよい。彼はそのように考え、高齢の親をもつ子としての義務をより良く果たすために施設入所を決めた、と語る。

別の息子介護者は、子どもとしてだけでなく親としての責任を果たすために、自分の親を施設に入れることにした、と語った。彼は同居して介護をしていたが、認知症による親の不可解な行動が続くようになってから、子どもが部屋に籠もり気味になってしまったという。「親としては、これは何とかしてあげないといけないな、ということで」彼は自宅以外の選択肢を考えるようになった。親として、子どもが安心して生活できる家庭環境をつくることだけでなく、子どもとして、世話になった親が十分な介護を受けられる環境を用意すること。そのために彼は「自分のなかで『ここなら任せられる』っていうところ（＝施設）を何とか探して」、インタビューの数日前に入所の手続きを済ませたことを語った。

彼らの説明は、家族への／家族としての義務という観点からなされており、例えば、介護負担を減らすため、というような、自分個人の利益のために施設入所を決めたと語る者はいない。このことは、自分のために施設に入れる息子介護者が「いない」ということでは、おそらくない。そうではなくて、このことが示唆しているのは、親やその他の家族の利益となると言えるだけの根拠が見つからない限りは、親を施設に入れると決めることは難しいのではないか、ということである。実際、在宅介護を続けているある息子介護者は、疲労が相当蓄積していると語りつつも「だからといって（施設に）預けるのは何だか申し訳ない」、「できるところまでは頑張りたい」と語っていた。息子による在宅介護ではなく施設介護が正当な「候補者」になるためには、義務と責任を果たす手段として、それが説明可能になる必要がある。(9)

息子＝男性のケア能力はいかにして擁護できるのか

息子＝男性にとっては、「なぜ自分なのか」ということに加え、「どのように親の介護を行うか」

も問題になる。序章でも見たように、ケア経験の不足をはじめ、男性が介護役割を担う上での難しさは繰り返し指摘されている（例えば春日 2015：津止・斎藤 2007）。また、息子介護者自身が、自分が息子＝男性であることと関連付けて親の介護の難しさを語る「男性ゆえの困難」を分析する研究もある（松井 2014）。

息子介護が語られる場合、このように、彼らにとって介護が「いかに困難なものと経験されているか」が焦点になる傾向があるが、冒頭でも指摘したように、それは彼らの経験の一側面に過ぎず、彼らは男性＝息子であることから介護の場においてメリットを享受できることもある。そこで、ここではこれまであまり検討されてこなかった「男性であることのアドバンテージ」に焦点を当ててみたい。

特にここでは、息子介護者が自身を含めた男性のケア能力を、いかにして肯定する／できるのかを、彼らの語りに即して検討する。男性は実際にケア経験が不足している傾向があるが、それだけでなく「制度的配置」においても、彼らのケア能力は否定されがちである。例えば、ケアに必要な気配りや共感性は、生得的あるいは社会化の結果において女性の方が優れており、男性は、男性であるがゆえにケアに必要な性質が欠けている、とする言説が、いまだに残っていることは否定できない。このような性の配置のもとで、息子介護者はどのようにして自身も含めた男性のケア能力を肯定的に語りうるのだろうか。

以下では、息子介護者のインタビューデータのなかから、息子＝男性として自分でも親の介護が十分にできること、あるいは、自分の方が（娘＝女性より）介護ができると語っている部分に着目し、それらがいかにして説明可能になっているのかを見てみたい。

ステレオタイプの解体――困難の一過性と普遍性

息子介護者が男性のケア能力を擁護するとき、その語り方は大別すると三つあった。その三つのどの場合でも、ステレオタイプ的な男性像（家事能力に乏しい、感情表現が下手など）が必ず言及されていたが――規範に抵抗するためには必ずその規範を参照しなければならない――ステレオタイプの用いられ方は、それぞれ異なっていた。

一つめは、ステレオタイプがいかに現実の男女に当てはめられないかを具体的に説明することで、自身も含めた男性たちの潜在的なケア能力を擁護するものである。

六〇代のある息子介護者は、世代による違いを指摘することで、ステレオタイプそのものに疑問を呈していた。その際に彼が持ち出していたのは、彼の息子の例である。彼自身は、たしかにそれほど家事が得意でない。自分の周りにも、自分と同じような男性は多いと彼は言う。だから、少なくとも彼の世代については「男性の家事能力は低い」と言われてもあながち間違いでない、と認める。だが、彼は、彼の息子は自分よりもずっと家事に慣れていること、息子の世代ではそれがめずらしくはない、という。そして、男性でも介護をこなす潜在的な能力がある者はいくらでもいる、と指摘する。

（息子は）料理だって大したもんみたいですよ。ガールフレンドに晩ごはん用意してあげてるんだ、なんて「おまえ、そんなことまでするのか」って言ったら「今はこれくらいできないとだめなんだよ」って（笑）。……男も介護だ、大変だ、なんて大騒ぎされてるけど、今のうちだけじゃないですか。息子の代は、まあ、彼がわれわれを看てくれるのかどうかわからんけど（笑）、彼らなら最初から、みんな私なんかよりずっと何とかなっちゃうと思いますけど。

さらに彼は、彼自身の家事能力も向上していることを実感している。彼の世代の男性は「単に経験がもともとないだけ」であり、「男だからできないわけじゃない」と彼はいう。望むと望まざるとに関わらず介護に携わりさえすれば、男性であってもその能力は磨かれていくものであり、できないのは初めだけ、と彼は考えている。つまり、「男性に介護はできない」と言うことができるのは、歴史的に見ても、また、個人のレベルで見ても、ある一時点までのこと、一過性の現象だ、というのが彼の主張である。

別の息子介護者は、女性であっても介護は簡単ではないことに触れ、「男性には介護は難しい」とは一概に言えないのではないか、と疑問を呈した。彼がそう語るとき、例として挙げられていたのは、親族の女性である。彼女もまた、彼と同様、親の介護に「相当まいっていた」と彼は語る。

会うたびに（その女性が）やつれていくのがわかりました。彼女は、何というか、まあ女性らしいといえば女性らしい。うちのこともしっかりしている、そういう方です。それでもやっぱり、老人を看るというのは簡単なことじゃないんですね。……誰にとっても親の世話をするというのは初めてのことなんです。そこに男も女もありません。それが（介護を）やってる者の実感です。

彼はこうして、自分の直面している難しさが、必ずしも息子＝男性だけに限らないことを確信する。「うちのこともしっかりしている」家事に困らない女性であっても、親の介護においては困難に直面しているからだ。彼はまた、男性介護者の困難がメディアでもしばしば報道されていることに触れ、それは基本的には良いこととしながらも、男性の大変さばかりがクローズアップされることで「女の人は（介護が）そこまで大変じゃないみたいになる」ことを危惧していた。

これらの息子介護者の語りは、普遍性を主張している点で共通している。最初の息子介護者は、介護の難しさに関わる要因としての家事能力に焦点を当てた上で、その能力の普遍性、すなわち、家事能力は誰にでも身につけられるものであり、それゆえに男性にも介護は十分可能である、とする。次の息子介護者は、たとえ家事能力があっても親の介護は簡単ではないと言い、この点では最初の息子介護者とは対照的だが、親の介護における困難は誰にとっても変わらない、と介護経験を普遍的なものにしている点では同じである。

彼らの説明にはどちらにも、ステレオタイプに当てはまらない、身近な人々が登場している。だが、そのような人々が身近にいることが、彼らが普遍性を主張するようになった原因とみることは適当ではない。「説明可能にする実践」という観点に立てば、身近な人々の例は「用いる」ものであって、それをどのように「用いる」かは開かれているからだ。

彼らが「介護の難しさに男性も女性もない」と説明できたのは、身近な人々を「単なる例外」として周縁化（marginalize）しなかったから、である。ステレオタイプに当てはまらない例は、必ずしもステレオタイプへの異議申し立てには用いられない。わたしたちの周りでも、「男らしくない男性」や「女らしくない女性」は「変わった男性」「変わった女性」としてしばしば周縁化されるし、ときには「逸脱」として制裁を受けることもある。ステレオタイプの反例を「単なる例外」として周縁化し、貶めることによって、それは、標準の「標準性」——いかにこちらが「ふつう」か——を強化し正当化するためにも用いうる。むしろ、このように用いられることの方が多いのではないだろうか。

さきの息子介護者たちの語りのなかでは、身近な人々の例は、標準の「標準性」を疑うために用いられている。さらにいえば、それらの人々の例を「単なる例外」として周縁化せずに済むような、新たな標準（「男性にも女性にも介護はできる」「男性にも女性にも介護は難しい」）を立てようと試みている、と解釈することもできる。彼らが介護経験における普遍性を説明できたのは、例外的な人々が身近におり、単にそれを参照できたから、ではない。そのような例外を、「男性には介護は難しい」という言説の反例として参照することによって——そうすることによってのみ——彼らは、介護経験の普遍性を説明可能にしたのである。

僕という例外――維持される「男性には介護は難しい」

二つめの語り方は、ステレオタイプが実際に男性の多くに当てはまることを認めた上で、自分がいかにそれに当てはまらないかを説明するものである。例えば、ある独身の息子介護者は、自分には当たり前のように身についている家事の知識が、周りの男性たちにいかに共有されていないかを語った。以下は、その例の一つとして彼が挙げた、職場で使う制服をめぐる同僚たちとのやりとりについての語りである。

オヤジ臭するから嫌がられんじゃないの、とか言ってるから、そんなの重曹使ってさ、とか、襟にパウダーはたいとけば、って言ったら、「え、なに、Oさん（注：息子介護者の名前）、主婦みたい」って（笑）。そんなの生活してく上での常識、ふつうじゃんって思ってたから出ただけなんですけど、「へぇえ！」って。こっちからしたら「そんな大したこと？」って思うんだけど。まあ、そのおかげで「Oさん、もう、かみさん要らないじゃん」なんて言われたりしたけど（笑）。

彼は、家事を何でもこなせる自分が、男性の輪のなかで、いかに浮いているかを具体的に語る。

それによって逆に、「ふつう」の男性はいかに家事の経験も知識もないか、ということを示唆しているのである。

彼によれば、彼が家事が得意なのは、生育環境のせいだと語る。彼は、家庭の事情により、子どもの頃から自分が家事を担当せざるをえなかったという。「自分がやらなきゃいけないっていうふうになれば、じゃあ今度はもっとうまくやってやるっていうふうになるのが当然」。現在の彼の家事能力は、家事をせざるをえない環境に置かれたからおかげだと彼は考えている。彼は、男性にとって介護が難しい理由の一つは、一般的に家事の経験が不足しているため、とする。その上で、そのような「男性ゆえの困難」は自分には当てはまらない、とする。

彼の語りは、一つめの語り方の例として挙げた息子介護者（自分の息子を参照していた六〇代の息子介護者）の語りと、いくつかの点で共通している。例えば、どちらも家事能力の不足を経験の不足によるものとしている点、家事をやらざるをえない環境に置かれれば、家事能力は向上しうる、と説明している点などである。だが、両者の語りは、語りの要素においては共通しているものの、その要素の用い方においては対照的である。

さきの息子介護者は、経験の不足が一部の男性（彼の説明では、彼の世代の男性）に限られるとしていたのに対し、この息子介護者はそれを男性一般の傾向としている。また、置かれる環境が家事能力の向上を促す、という論理は、さきの息子介護者には介護開始後の経験を説明するものとして用いられ、それゆえに、介護する男性の困難がいかに減少していくかを説明する論拠となっていた。

それに対し、この息子介護者には、介護開始前の経験を説明するために用いられ、それゆえに男性介護者の困難が一般的にどれだけ大きいかを説明する論拠となっている。語りを構成する要素は共通していても、その用いられ方が異なれば、語る内容は対照的になる。その用いられ方が異なるからこそ、対照的な内容がどちらも説明可能になっているのである。

「自分はステレオタイプに当てはまらない」と語る息子介護者のなかには、自分の性格が一般的な男性と比べていかに「男らしく」ないかを示し、そのことが、親の介護をする上でのメリットになっている、という者もいた。彼らによれば、男性は一般的に、言動が荒々しくなったり、(特に女性に対して)自分が主導権を握ろうとする傾向が強い。それゆえに、男性は介護の場面で手を上げやすかったり、相手に支配的になってしまうのだ、と彼らはいう。彼らは、被介護者である母親に暴力を振るったり殺してしまったりする息子がたびたびニュースに登場するのは、そのためだと説明していた。しかし彼らによれば、彼ら自身はそのような「男らしさ」に欠けている。そのために、同性の集団に馴染むことができなかった経験もある。そして、「男らしく」ない自分だからこそ、これまで特に重大な問題もなく、親の面倒を看続けてこられているのではないか、という。

二つめの語り方を行う息子介護者たちは、一つめの語り方に登場していた「ステレオタイプに当てはまらない身近な人々」(例えば家事が得意な若い世代の息子たち)に相当する存在である。しかし、彼らはステレオタイプを疑い解体する方向へは進まず、自分たちを「単なる例外」として自ら周縁化し、男性一般から距離をとることによって、自分(だけ)のケア能力を主張しているのである。

つまり、二つめの語りは、「われわれ息子たち」のケア能力ではなく、あくまで語り手個人のケア能力を擁護するものである。ステレオタイプが自分以外の男性一般に当てはまることを前提にするこのような語りによって、「男性には介護は難しい」という言説はむしろ維持されることになる。

男であることのアドバンテージ――「制度的配置」の「誤用」

だが、ステレオタイプを男性一般に当てはめることは、常に「男性には介護は難しい」ことを示す試みになってしまうのだろうか。必ずしもそうではないことを示唆するのが、三つめの語り方である。三つめの語りを行う息子介護者たちは、ステレオタイプ的な息子像（あるいは娘像）を、むしろ男性である「われわれ息子たち」のケア能力を保証するための根拠として用いていた。このなかで最も多かったのが、「女性よりも男性の方が身体的にタフである」というステレオタイプを用いるものであった。この語りは、ほぼワンパターンの展開をたどる。まず、親の介護の肉体労働的側面を指摘し、実際に自分もいかに肉体を酷使しているかを語る。そして、一般的に言って女性よりも体力的に優れている男性であることが、肉体的にハードな介護を遂行する上で有利になっている、と説明する。

（入浴は）デイで済ませるっていっても、やっぱりトイレ失敗しちゃったりはするから、そのたびにお風呂場連れてって、洗ったりするわけですよね。それがもう結構しんどい。ちゃんと立てない人間を支えて洗う。濡れてる。だから滑る。重労働ですよ。向こうも濡れてるけど、こっちは（汗で）もっとびっしょり（笑）。そういう時にやっぱり、男だと有利なんじゃないかな、っていうのはありますね。これがもし、もっと腕力もなくて、背も小さくてっていうんだったら、どうしてたんだろうと思いますね。

また、女性には女性ゆえの優しさや気配りがある、というステレオタイプ的な女性像を参照しながら、その優しさや気配りが高齢者を介護する上ではデメリットになり、そういう性質に欠ける男性だからこそ、上手くできることがある、という息子介護者もいた。これは特に、妻や女きょうだいなど女性の家族と自分の介護のしかたを比較するときに、登場する語りである。

例えば、ある息子介護者は、ときどき母のところへやって来る妹が、母がしようとすることを何でも手伝おうとすることに、不満を抱えていた。彼は、母が一人でできることはなるべく手を出したくない、母がどんなに時間をかけ、どんなに大変そうにしていたとしても、自分でやらせるようにしたい、という。むやみにやってあげないことで母のプライドを傷つけずに済むし、自分でやろうとすることが運動になり、体の機能を保つ上で有効だと考えているからだ。だが、妹はどうしても手伝わずにはいられない、と彼はいう。

やっぱり、妹は女性ですから優しいんですよね。私も「やり過ぎだよ」とは言うし、妹も頭ではわかってるんだと思うんですけど、どうしても放っておくことができなくて、助けてしまう。そういう女性特有のは、われわれにはないものだけど、介護っていうことになると、どうなのかな、あまり良くないんではないかな、って思いますね。

彼の目からすれば「女性特有」の優しさによって妹は、母親の自立を妨げている。彼はこのようにして、妹の介護のしかた――良くない介護のしかた――が「女らしさ」に由来すると解釈している。そして、「妹じゃなくて私が面倒を看ることになって、母のためには良かったんじゃないかな、と思います」と述べ、男性である自分の介護者としての適性を確認していた。

母と娘の関係性も、介護の場面における男性のメリットを説明するために、しばしば参照される。母と娘は、親子関係のなかで心理的に最も近くなりやすい関係だと考えられているが（Rossi & Rossi 1990）、実際、家族介護のなかでも「娘＝介護者」「母＝被介護者」の組み合わせは、被介護者にとって最も「望ましい」介護関係になりやすい（笹谷 2008）。だが、娘は母とそのような関係になりやすいからこそ、逆に息子が介護した方が良い、と語る息子介護者たちもいた。母親を介護している従姉がいる、というある息子介護者は、この従姉を例に挙げて、娘が母を介護することの問題を次のように語る。

親友みたいな間柄で、お互いに頼りきっていたからでしょうね、従姉はどうしても頑張りすぎてしまうんです。熱心すぎる。悪い意味で献身的。お母さんの方も頼りきりでしたから、自分がやらないと、って思ってしまう。……距離が近すぎるから、際限なくやってしまうんだと思います。（従姉に）久々に会う機会があったんですが、本当にびっくりするくらい、やつれてました。

彼は、自分自身は息子＝男性であるために、母と心理的に近くなりすぎることがなく、また、それゆえに介護にのめり込み過ぎずに済んでいるのではないか、という。「介護する方が倒れてしまったらおしまいなんです」という彼は、「息子＝男性であること」は長期に亘って介護を続けていくために、娘よりも有利になる、と語る。実際には、母の介護にのめり込む息子もいるだろうし、母との心理的距離が近くない娘もいるだろうから、これは母娘関係のステレオタイプである。そして、このようなステレオタイプを過度に一般化させて「息子の方が上手く介護できる」と説明している点で、この語りは「男性＝身体的にタフである」「女性＝優しい」を根拠にした前の例と共通している。

最後にもう一つ、これはステレオタイプではなく現実のジェンダー格差を参照したものだが、女性よりも男性の方が一般的に高い社会経済的地位にあるがゆえに、息子＝男性の方が親の介護を行う上で有利である、と語る息子介護者がいた。独身である彼は、「もし自分が独身の娘であったら、介護を続けていくことができなかったかもしれない」、と言う。その理由として彼は、介護の継続に必要な経済資源を得られる可能性が、女性の場合には男性より限られていることを挙げた。

こういう（お金の）話ばっかりすると意地汚い人間って思われるかもしれませんが（笑）、結局、介護って気持ちだけじゃできないってことなんです。女性だと、日本ってやっぱりまだ進んでないから、いくら稼げるのかっていうのにもハンディがある。……不景気だっていっても、何だかんだ、男性の方が恵まれてます。シングルマザーと一緒で、シングル娘も相当つらいんです。シングル息子じゃなかったら、とっくに行き倒れてます。

「制度的配置」の経済的側面において、男性というカテゴリに属していることが、介護の継続可能性という意味でのケア能力をもたらしている、と彼は考えている。だからこそ、お金のかかる親の介護は稼げる男性に向いているし、男性がするべきであると、彼は主張していた。

これら三つめの語り方は、一つめとも二つめとも異なるものである。まず、自分自身という特殊な個人ではなく、「われわれ息子たち」という男性一般のケア能力について肯定的に語るという点では一つめと重なるが、ステレオタイプを解体せず、むしろ維持している点で、一つめとは対照的である。

他方、ステレオタイプをそのまま参照している、という点では――というより、その点においてのみ――二つめの語り方と共通しているが、それは、「自分はそのステレオタイプに当てはまらない」と自分を例外化するためではない。三つめの語り方の際立った特徴は、本来なら「男性は介護に不向きである」（あるいは「介護は女性向きのしごとである」）という主張の論拠として使われるものを、まったく逆の主張のために使っている点である（男性の方が労働市場において有利だから、という最後の例を三つめの語り方の一つに含めたのは、そのためである）。例えば、男性の力強さは荒々しさと結び付けられ、それは他者をケアする性質の対極に置かれるし、逆に「女性特有」の優しさは、ケア向きの性質として見なされる。また、母と娘の心理的な近さは気心の知れた間柄を表すものとして、被介護者にとっては「望ましい」介護関係の要素とされる。そして、「男性の方が稼げる」ことが「誰がケア役割を担うべきか」の「根拠」にされてきたことは言うまでもない。だが、息子介護者は、このようなステレオタイプ的な性差の言説や男性と女性の経済的格差といった「制度的配置」のもとで、息子＝男性である自分たちにも介護ができることを説明可能にしようとする過程で、「男性であること」「女性であること」を「誤用」している。

もちろん、このことは、息子介護者が必ずこのような「誤用」を行う、という意味ではない。実際、面接した息子介護者のなかには、ステレオタイプを「正しく」用いて、息子／男性である自分自身のケア能力を低く評価している者もいた（平山 2014：137-140）。前にも述べた通り、本章では、息子介護者が自分のケア能力を擁護する際の語りに注目したのであり、そのような語りのなかには、こうした「誤用」が見られた、ということである。

また、彼らはこのような「誤用」を行う／行えるからこそ、息子介護者になった、という意味でもない。「制度的配置」が、男性が息子介護者にならないために機能しやすいことは、さきに「独身の女きょうだいがいる息子介護者はなぜ少ないか」を考えた際に指摘した通りである。このような「誤用」は、既に親の介護者となった男性が、自分にも介護ができることを説明可能にする過程で行われたのであり、したがって、息子介護者になることが「誤用」の契機となった、と言う方がおそらくは正確である。

攪乱的実践？——息子介護者の doing gender がもたらすもの

本章は、息子介護者が、自分が親を介護していることをどのように説明可能にしているかについて、doing gender という観点から検討してきた。「制度的配置」は彼らに対し、親の介護を「おまえのしごとではない」と定義する。そのような性の配置のもとで、彼らは「なぜ自分が介護しているのか」をどのようにして「わかる」ことができるのか。また、「女性でない自分にも／の方が、介護できる」ことをどのようにして「言える」のか。本章ではそれらを、彼らの語りに即して検討してきた。

本章の分析から示唆されたことは、息子介護者は必ずしも既存の「制度的配置」に抵抗しながら、それらを説明可能にしているわけではない、ということである。もちろん、これまで見てきたように、ステレオタイプ的な男性像や女性像を解体することで「なぜ自分に（も）できるのか」を説明可能にしようとする息子介護者もいる。だが他方では、息子介護者という「非伝統的」な存在からは意外なほどに、伝統的で規範的な言説を、その内実を変えないまま用いている者も少なくない。では、彼らはそのような言説を再生産しているだけ、と結論づけてよいのだろうか。

たしかに彼らは、「嫁役割」やジェンダー・ステレオタイプをそのまま用いていたが、それは「息子＝男性である自分が親を介護すべきこと」「息子＝男性である自分にも／自分の方が親をうまく介護できること」を示すためである。だが「嫁役割」やステレオタイプは本来、介護が「女性のしごと」であることを説明するために用いられてきたものである。だとすれば、彼らは、これらの言説の「用途」を拡大すると同時に、これらの言説では性別分業の正当性を首尾一貫して説明できないことを、思わず知らず示してしまったことになる。

既存の性の配置に即して、自分が介護していること・できることを説明可能にする実践を通して、結果的に彼らはその配置に綻びを入れることに加担している。さきにも述べたように、doing gender は既存の性の配置に抵抗するためにも行われるが、その抵抗は必ずしも意図的に行われるとは限らない（Fenstermaker & West 2002）。その意味で、彼らの doing gender には、たしかに抵抗の可能性が織り込まれている。

伝統的で規範的な言説を「誤用」することによって、その言説が指し示すものをずらすという実践を、ジュディス・バトラーは「攪乱（subversion）」と呼ぶ（Butler 1990＝1999）。ウエストらと同様、ジェンダーを「すること」、すなわち反復的な言説実践の作用として概念化したバトラーは、「女性」と「男性」への意味づけが繰り返しなされる過程において、必然的にそこに新たな意味が書き込まれる可能性を指摘する。反復的な意味づけの実践を行うことを可能にし、またそれを行うことを求めるのは、ジェンダーという二分法の体制にほかならないが、「女性」と「男性」の意味のずらしは、その体制そのものを攪乱させうるものである。

わたしたちは、反復的実践を行わないことはできない。わたしたちは、既にある言語を用いて実践するしかなく、だとすればその実践は必然的に反復となる。しかし、反復的実践は必ずしも体制の強化につながるとは限らない。反復によって「女性」と「男性」という二分化を実践しつつも、そのなかで「女性」と「男性」の内実に「らしからぬもの」を思わず知らず書き加えてしまうこと。それは、「自然」で「首尾一貫している」ことを装う二分法的なジェンダーを混乱させ、その体制を揺るがす端緒となる。

それゆえ課題は、反復すべきかどうかということではなくて、どのように反復すべきかということである。実際には、反復しつつ、その反復を可能にしているジェンダー規範を、ジェンダーのラディカルな増殖をとおして、どのように置換していくかということである（Butler 1990＝1999：260）。

伝統的で規範的な言説を用いて、自分が介護していること・できることを説明可能にする息子介護者の「反復的実践」は、「制度的配置」に異議申し立てをするための論理を生み出す契機となっている。ただし、繰り返し注意を促してきたように、そのような論理は、彼らが既に息子介護者であるからこそ編み出されたと考える方が適当である。伝統的で規範的な言説は、既存の性の配置を再生産することにも加担しているし、むしろそのように用いられることの方が多いからこそ、息子介護者は依然として家族介護のなかで少数派にとどまっている、と考えられるからである。

だが、だからこそ、息子たちが（積極的な引き受けかどうかにかかわらず）親の介護者になることの意味は大きい。男性が親の介護役割を担うことになり、そうした自分自身の状況を説明可能にしようと試みることで、「息子＝男性が親の介護をすべきこと」「息子＝男性にも親の介護ができること」を説明するための論理が、男性自身の手によって生まれる可能性があるからである。息子介護者の編み出した論理は、性別分業へ対抗するための言説資源となりうる。それは、男性が「自分で親を介護すること」を主張するため資源にもなりうるし、（男性だけでなく）女性がケア労働の再配分を交渉するための資源にもなる。その意味で、息子が介護者になることは、社会変動の結果であるだけでなく、変動の契機にもなるものである。もちろん、言説をどのように用いるかは一様ではない。また、わたしたちの行為は「言説構造」だけでなく「資源配分構造」によっても影響を受ける（山根 2010）。したがって、対抗言説が利用可能になるだけでは、既存の性の配置を変えることはできない。しかし、性別分業を正当化するための言説資源が跋扈している状況で、それに対抗するための言説が増えていくことの意味は大きいだろう。

ただし、注意して見ていく必要があると思われるのは、息子介護者の「説明可能にする実践」は、ジェンダーの新たな階層秩序を生み出す可能性もあるのではないか、ということである。例えば、ステレオタイプを用いて男性たちのケア能力が擁護されるとき、そこでは必ず、女性のケア能力の低さが語られていた（「女性は優しいのですぐ手を出してしまい、親の身体的機能を維持させることが難しい」など）。つまり、男性のケア能力の高さを説明可能にしようとする際に編み出される論理は、必ずしも「男性も親の介護ができる」という論理ではない。そこではしばしば、女性のケア能力を貶めることによって「男性の方が親の介護を上手くできる」という論理が展開されている。

このことが示唆しているのは、ケア責任の再分配を促しうる言説が利用可能になったとしても、男性の優位性は手つかずのままであり続けるのではないか、むしろ、その優位を前提として再分配が促されることもありえるのではないか、という可能性である。だとすれば、次に問うべきは、「息子介護者による『説明可能にする実践』は、どのような場合であれば男性優位を前提としない対抗言説の産出につながるのだろうか」ということになるだろう。そして、そのような問い――doing gender による社会変動の道筋を探る問い――は、ウエストらが示唆するように、理論的にではなく経験的に検討されるべき問いである（Fenstermaker & West 2002）。

注

（1）アメリカの場合、介護を必要とする女性に配偶者やパートナーがいる場合、それ以外の家族（例えば子どもなど）が主たる介護者になることは、かなり稀であるようだ。わたしの恩師であるアレキシス・ウォーカー（Alexis J. Walker）は、高齢の母親と、その母をケアする娘の関係について調査を行っていたが、彼女の研究では、対象となっている母親のほぼ全員が、離別や死別も含め、配偶者のいない女性だった。アレキシス本人にその理由を尋ねたところ「夫がいる女性のなかで（夫からでなく）娘から主にケアを受けているというケースがほとんど見つからなかったから」とのことだった。

（2）ウエストとジンマーマンのdoing genderというアイディアは、その後、ウエストとサラ・フェンスタメイカーにより拡張された。彼女たちによれば、ジェンダーだけでなく人種（race）や階級（class）という差異もまた、わたしたちの「説明可能にする実践」によって再生産されていること、しかもそれらの差異化は独立にではなく、同時的に行われていることを主張した（West & Fenstermaker 1995）。

（3）息子介護者の語りは、研究者であるわたしに向けて語られたものであることに注意が必要である。しかも、面接の多くは、わたしがまだアメリカに住んでいる間に一時帰国して行ったので、彼らのなかには「他の国から来た人に日本の息子＝男性の何たるかを伝えよう」というつもりで聞き取りに応じた者もいるかもしれない。そもそもdoing genderは相互作用（interactions）のなかで行われる差異化であり（West & Zimmerman 1987）、本章で報告する語りには聞き手であるわたしの立場が影響を及ぼさざるをえない。したがって、息子介護者が行っているのは、そのような相手に向けて行われた「説明可能にする実践」だということを念頭に置いた上で、以下の語りを読んでほしい。

（4）カナダの息子介護者にインタビュー調査を行ったロリ・キャンベルとミシェル・キャロルも、彼らが親を介護する理由として互酬性を強調する傾向があったことを報告している（Campbell & Carroll 2007）。興味深いことに、キャンベルとキャロルは、息子介護者による互酬性の強調を、男らしい自分を説明可能にするという彼らのdoing genderだとして解釈している。「他者をケアせざるにはいられない『女らしい』性格だから介護しているわけではない」と強調することで、息子たちは男性としてのアイデンティティを説明可能にしているのだ、というのが彼女たちの解釈である。だが、少なくとも彼女たちが提示するデータのなかには、当の息子介護者自身が「内なる女らしさ」の否定を行っているといえるような明白な箇所が見当たらないため、この解釈には疑問の余地がある。むしろ、キャンベルとキャロル自身が「他者をケアせざるをえない『女らしい』性格」という言説を前提に息子介護者の語りを説明可能にしている、という点において、これは、息子介護者による doing gender というより、キャロルとキャンベルによる doing gender であるようにも思われる。

（5）「除外」という言葉を使ったのは、息子介護者のなかには「嫁役割」を用いて、女きょうだいの干渉を排除しようとした者もいるからである（「嫁に行ったやつが実家のことに口を出すな」）。

（6）男きょうだいに対して介護への参加を求めることを最も抑制していたのは、親の会社や不動産などを受け継いだ「跡取り息子」たちだった。「きょうだいには頼れない」と彼らが思っていたのは、きょうだいのなかで最も多くの財産を受け継いでいるという明確なしるし――きょうだいのなかで最も親の恩恵に与っているというしるし――があったためではないか。この点についての詳細は平山（2014: 96–102）を参照のこと。

（7）念のために付け加えておくと、女きょうだいを語る際に「嫁役割」に言及する一方で、自分の妻（嫁）には介護をさせていないという「非一貫性」は、「説明可能にする実践」という観点のもとでは問題にならない。規範は状況を理解するために用いるものであり、一貫してそれに従っていなくても、何ら不自然ではない。例えば、わたしたちは、どのようなしぐさが男／女らしいかという振る舞いにおける規範を参照して「あの人は男／女らしい人だ」と思うことがあったとしても、自分自身がそのような振る舞いをするとは限らない。つまり、他者のしぐさを理解するために、そのような規範を用いていたとしても、自分の振る舞いを常にその規範に合わせるわけではない。同様に、「嫁役割」によって、女きょうだいが介護に参加できない事情を理解しているからといって、その「嫁役割」に合わせて夫婦間の介護のシェアを決めようとする、とは必ずしもいえない。

（8）ただし、息子自身が主介護者になっているといっても、妻が介護に非関与であるとは限らない。妻が息子の「ピンチヒッター」を務めるなど、介護そのものを手伝っている場合ももちろんあるし、また、食べる、着替えるなどの直接の介助を息子（だけ）がしているとしても、そのために必要な食事や洗濯済みの衣類の用意などは妻（だけ）が担っている場合もある（平山 2014: 44–53）。

(9)　だとすれば、介護疲れで消耗する家族に対して施設介護を勧める際、「無理をしないで」と声を掛けることは、あまり効果がないことになる。「無理をしない」ことそれ自体は、介護者自身の利益になることだからだ。そのような家族が必要としているのは、施設介護がその高齢者にとってより良いケアの場になると確信でき、また説明できるための論理であるかもしれない。

第四章　介護を土俵とした「男らしさ」の競演
――セルフヘルプ・グループの陥穽

本章では、男性介護者のセルフヘルプ・グループを取り上げる。息子介護者にとって、そのようなグループが「なぜ・どのように参加しづらいものになるか」を、当事者の声や海外の研究知見をもとに検討する。

同輩との「出会い」は限られる

男性介護者どうしの交流や支え合いを目的としたグループは、全国的に増えつつある。その背景には、男性介護者にとって、自分の困難や苦悩を理解してもらえる相手がなかなか見つからないという現実がある。介護に携わっている男性は増えつつあるが、主たる介護者は女性、という家は少なくない。そのため、家族の介護を主に担っているという男性介護者が、自分と同じ境遇にある他の男性と出会うことは、必ずしも容易ではない。仮に、現在進行形で介護している男性が周りにいたとしても、相手がそれをオープンにしない限り、それと気づくことはない。介護は「家族の事情」というプライベートに含まれる。したがって、特に親しくない限り、相手から「家族の事情」

を打ち明けられることは稀である。逆に言えば、自分の身近で、自分と同じように介護をしている人と「出会う」には、ある程度近しい相手を当たらなければいけない。

年齢が低い場合は「出会う」ことがますます難しくなる。若い息子介護者にとって近しい同性といえば、大抵は友人や同僚だろう。だが、彼らと年の近い友人や同僚のなかに、親の介護に直面しているという者が含まれている可能性は低い。子どもの年齢が低いほど、その親も若いことが多く、介護が必要な親がいることも少ないからである。わたし自身の調査でも、三〇代や四〇代前半など人生の早い時期に親の介護を始めた男性たちは、「同じ経験をしている友人はいない」と口を揃えていた。

その意味では、親を介護する息子は、妻を介護する夫以上に、経験を共有できる男性に「出会う」ことが難しいかもしれない。妻を介護する夫は、高齢の妻を同じく高齢の夫が看ているという老老介護に含まれるケースが多い。その場合、夫と同年代の友人たちもまた高齢だから、これまでの人生で介護の経験がある友人や、現在介護をしているという友人も増えるだろう。

なぜ「出会い」に消極的になるのか

セルフヘルプ・グループは、息子介護者に同じ経験をしている男性との「出会い」を提供する場になる。経験を共有できる相手が身近には見つからない男性にとって、そうしたグループは貴重な存在になるだろう。各地で同じようなグループが生まれ、長く続いているものもあること自体が、その何よりの証明である。

しかしながら、介護している男性が皆、積極的にグループへ参加しているというわけではないようだ。息子介護者の調査研究を始めて以来、現場の支援者からしばしば聞かれるのは、男性のためのそうした集まりを開いても参加者の人数がごく少数に限られてしまったり、途中で脱落する人も少なくない、という困惑や嘆きである。

身近では出会いにくい、同じ境遇にある仲間と繋がる場に、彼らはなぜ現れないのか。

ありうる一つの解答として、そうした場の存在そのものを知らなかったり、知っていたとしてもそれが自分の生活圏にあることを知らない、という可能性が挙げられる（Kaye 2002）。「社会一般」については詳しくても、自分の住んでいる地域についてはほとんど知らないという男性は少なくない。地域の情報は、その地域の人々との接触を通して得られるものだが、男性の場合、近隣の人々と挨拶以上の言葉を交わしたことがないことも稀ではないからである（水無田 2015）。

もう一つは、自分から助けを求められない「男らしさ」の桎梏である。「弱音を吐いてはいけない」「自分の力で難局を乗り切らなければいけない」という「男らしさ」に縛られているがゆえに、男性は他者の手を借りることができない、という男性性研究の知見は夥しい（Addis & Mahalik 2003）。しかも、「男らしさ」から逸脱した姿を最も見せたくないのは同性である男性だと言われている（Addis & Mahalik）。だとすれば、同じ男性による支え合いを目的としたセルフヘルプ・グループへ参入することは、それだけで「男らしさ」の脅威となりかねない。

男性介護者が「出会い」の場に必ずしも積極的でない理由の少なくともある程度は、これらが関わっているに違いない。だが、これらの理由は「なぜ参加しないのか」を理解する上では有効でも、「なぜ脱落するのか」を説明することは難しい。当然のことながら、脱落した男性はセルフヘルプ・グループに一度は参加している。したがって、彼らはグループの存在を知らないわけではないし、助けを求めることを躊躇し続けていたわけでもない。

さらに言えば、これらの理由（＝地域の情報を入手しにくいから、助けを求めることに抵抗を感じるから）は、男性介護者のセルフヘルプ・グループの存在意義をも揺るがすものになる。男性が概して地域の情報に疎く、また、概して自ら助けを求めることが難しいなら、そもそもそうしたグループ自体、男性向きとは言えないことになるからである。つまり、これらの理由が正しければ、「なぜ男性たちは『出会い』に積極的でないのか」という問いはあまり意味をなさない（当然すぎる）。むしろ、謎は、既に参加している男性の方にある。一般的に男性が直面しそうな参加への障壁を、彼らはなぜ・どのように克服できたのか。その方がよほど「分かりにくい」からである。

「出会い」は常に「よきもの」か

だが、ここで「なぜ参加できたのか」を直接的に問うことはしない。冒頭で述べたように、本章で考えたいのは、息子介護者にとって、セルフヘルプ・グループが「なぜ・どのように参加しづらいものになるか」である。というのは、そうしたグループが取り上げられるとき、それに参加しない、あるいは参加したくない当事者の声は、ほとんど登場しないからである。その理由の一つは、男性介護者への主なアクセス・ルートであると思われる。調査研究でもそうだが、対象者となる男性介護者は、セルフヘルプ・グループを通じてリクルートされていることが多い（例えばCalasanti & King 2007：松井 2014）。その場合、取り上げられる男性介護者は皆グループ参加者であり、不参加者や脱落者が含まれることはない。

わたしは、セルフヘルプ・グループは男性介護者にとって「よきもの」である、という無条件の前提が置かれているように思う。上で指摘した通り、グループに既に参加している男性は、男性の一般的傾向からすれば「分かりにくい」存在である。にもかかわらず、彼らが「なぜ参加しているのか」について、明らかにしようとする試みがなされる様子はない。ここには、困難を抱える男性介護者にとってグループは「よきもの」であり、彼らがその場にやってくることは「自然」である、という思い込みがあるとは言えないだろうか。

さらに、この「よきもの」としての前提は強化され続けている。前述の通り、調査対象者としての男性介護者は、グループを通じてアクセスされることが多い。グループに参加している、あるいは参加し続けている男性介護者だけがグループの意義を語れば、それは「グループは『よきもの』である」という前提を追認するだけになるだろう。商品やサービスの「顧客満足度」調査を考えてみればよい。その商品やサービスを継続的に利用している顧客だけを対象に満足度を尋ねれば、満足度が高い結果が得られるのは当然のことである。本来の「顧客満足度」は、利用をやめてしまった顧客を含めて初めてわかる。

そこで、本章では、グループの存在を知ってはいるが参加していない息子介護者や、一度は参加したがやめてしまった息子介護者の声に耳を傾ける。前章でも述べた通り、わたしの調査では、病院や診療所、居宅介護支援事業所などを通じてインタビューを依頼している。依頼に応じてくださった方のなかには、自宅の近くでセルフヘルプ・グループが開かれているという方もいた。しかし、現在までのところ、インタビュー時にそうしたグループに継続的に参加しているという息子介護者とは、この方々も含め一人も出会っていない。本章で取り上げるのは、「なぜ行こうと思わないのか」「なぜ行きたくなくなったのか」に関する彼らの語りである。

念のために付け加えておくと、わたしは本章でセルフヘルプ・グループを否定したいわけではない。前述の通り、そうしたグループが救いになっている男性がいるのは事実である。不参加者や脱落者の声だけを取り上げて「だからグループは良くないのだ」ということは、参加者の声だけを取り上げて、グループが「よきもの」であるという前提を「証明」するのと同じくらい公平性を欠いている。

セルフヘルプ・グループは是か非か、という二者択一的な問いに意味はない。そのような問いのかわりにわたしが考えたいのは、どのような場合にグループは息子介護者にとって参加しづらいものになるのか、という問いである。そのような問いへの取り組みは、グループの主催者や支持者にこそ、有益なものとなるだろう。男性介護者を支えたい人々にとって、自分たちのグループが一部の介護者を思わず知らず排除しているのだとしたら、それは不本意なことであるに違いないからだ。「なぜ・どのように参加しづらいものになるか」という問いは、開かれたグループを実現するために、必要不可欠な問いである。

「しろうと」どうしの情報交換への懐疑

わたしが出会った息子介護者のほぼ全員は、セルフヘルプ・グループの存在を耳にしていた。インターネットを使って、情報を検索したという者もいた。それでも彼らが参加していない理由として最初に挙げることが多いのは、「時間がないから」というものである。ただし、これは単に物理的な余裕がないということでない。より正確には、物理的な余裕が限られている中でグループに参加して得られるメリットが見当たらない、ということである。そして、そのメリットとは大抵の場合、自分が直面している問題の解決に直接つながるような実際的な情報が得られるかどうか、という観点から語られる。

（行く気がしないのは）なぜかっていうと、各家庭、各高齢者、共通部分もあるんでしょうけど、ケース・バイ・ケースの部分もかなり多いと思うんですよ。他人の経験を聞いて参考になるか、あまりならないんじゃないかな、っていう気がしてるんですよ。逆に、私が何か言ったって、参考になる場合もあるかもしれないけど、ならない場合もある気がするんです。

この男性のように、参加に消極的な息子介護者が前提としているサポートは「情報的サポート」である。当事者どうしで経験を語り合うのは、自分の親の介護に役立つ実際的な情報を交換するためと捉えられており、自分の内に抱えたものを互いに話し、理解し合うという「情緒的サポート」としての側面は考慮に入れられていない。

「経験の共有」を「情報の交換」と直ちに読み替える彼らにとって、グループ参加のメリットは、有用な情報が得られる見込みがあるかどうかで判断される。そして、その見込みを減らすのは、生活環境や親の健康状態の個別性である。実際、認知症の母親を介護するある息子は「なぜ参加する気が起こらないか」を語る際、やはり認知症の母親を介護する知人の体験談が、まるで役に立たなかった例を挙げていた。知人が「こうすると上手くいった」という体験談は、自分が母親と接する際にそれを真似してみたところで、大して効果はなかった、と彼は語る。

当事者による「情報の交換」に懐疑的な彼らの態度に見え隠れするのは、専門家主義である。例えば、両親を介護するある息子は、「そういう集まりに行くよりも、ネットなんかで『今（親が）こういう状況にあるんです、先生だったらどう思われますか』とか、（医師に）簡単に訊けるシステムがあった方が」と言う。多数の事例を見ている専門家なら自分が求めている解決策を導き出してくれるはず……このように想定する息子介護者にとって、個別性の高い経験＝情報を集め、そのなかから有用なものを探し出す作業は、非効率にしか映らない。だが、実際には彼らはグループへ参加したことがあるわけではない。言い換えれば、グループの参加者が本当に有用な情報をもっていないのかどうか、実体験として知っているわけではない。つまり、ここに示唆されているのは、非・専門家の経験知に対する無根拠な思い込みである。

弱音の吐き方がわからない

息子介護者がグループへの参加に消極的なのは、「情報的サポート」を期待できないからだけではない。彼らのなかには、グループが「情緒的サポート」の交換の場（＝互いに思いを語り合う場）だからこそ行きづらい、と語る者もいた。

（ケアマネジャーから）そういう集まりがあるっていうのは聞いたんだけどね、……そういうの（＝自分の思っていること）話すの、ちょっと自分にゃ無理だなあと思ってお断りしたんですよ。何でも（話して）いいって言ったってね、何から（話せばいいのか）っていうのが。

彼らが「難しい」と感じているのは、自分の感情を言語化することである。それは、必ずしも「男らしさ」へのこだわり、つまり「弱音を吐きたくない」ということではない。彼らは、介護が大変であるという自覚はある。だが、そうした自分の内面を他人にどのように伝えればいいのか、言葉にできる自信がないのである。というのも、これまでの人生で「辛い」という感情に目を向け、また、それを言葉で他者に伝える経験をしてこなかったからである。

ある息子介護者の語りは、象徴的である。彼は「精神的にぐるぐるしてきた」ときに、運転の途中で一人「叫んでしまった」のだという。「精神的にぐるぐる」という表現が示唆するように、彼は何がどう辛いのか、自分でも説明することができない。またそれゆえに、彼はその「ぐるぐる」を、叫びという非言語で表すことしかできなかったのである。

感情を言葉にするという行為は自然にできるものではなく、学び、訓練してできるようになるものである。感情表現を抑制させる男らしさの規範（Bird 1996：伊藤 1996：112–115）に従うことは、その学びと訓練の機会を自ら放棄することを意味する。男性性の心理学の第一人者であるロナルド・ルヴァントがいうように、感情を言語化できない「失感情言語化症」は、「男らしさ」がもたらすコミュニケーションの病なのである（Levant 1992）。だとすれば、「男性は弱音を吐けない」という言い方には注意が必要である。「吐けない」という言い方には「吐くのを我慢している」という意味がこめられているが、実のところ、「我慢している」くらいならまだ救いがある。なぜなら、「吐こうと思えば吐ける」くらい、弱音を言語化する能力は残っているからである。だが、男らしさの病はもっと深刻化している場合がある。これまでの人生で、吐くためのルートを未整備のままにしてしまっていたり、弱音を弱音として同定する訓練をしてこなかった場合もある。そのとき、追い詰められた内面は、さきの例の叫びのように非言語的な「暴発」となって現れるしかない。

「思いを何でも話してよい」という重圧

介護の体験を「何でも話せる」場であることを謳うグループは、「弱音を吐けない」ことを「吐くのを我慢している」という意味でのみ捉えてはいないだろうか。男性が「吐きたくても吐けない」状況にあることを前提に、「何でも話してください」と呼びかけることが彼らへのアピールになる、と考えてはいないだろうか。だが、男らしさの病を重篤化させた男性たちにとって「何でも話してください」と言われることは、自由や解放を意味しない。「話して」と期待されることは、内面に目を向け、それを言葉にするという、自分が最も不得手としていることを求められる、という意味で、重圧にすらなる。

ソーシャル・ワークの観点から男性介護を研究するレナード・ケイは、セルフヘルプ・グループに男性を呼び込む上で、「情緒的サポート」の交換の場としての側面を強調することは必ずしも得策ではない、と訴える（Kaye 2002）。ケイによれば、介護の技術や介護サービスの利用のしかたを学べたり、ときには専門家の意見も聞ける機会としてグループを広告した方が、参加を迷っている男性にとってはアピールになる、という。実際、「サポートしあうグループ」には消極的だった男性介護者が、「男性のための介護ワークショップ」という触れ込みに対しては心惹かれることを示す実証知見も存在する（Russell 2004）。

学びの場所としてアピールせよ、というケイの提案は、グループに対して「情報的サポート」を期待する、さきの息子介護者の声にも応えるものである。もちろん、ケイは、グループに「情緒的サポート」の交換の場としての側面が含まれていてはいけない、と言っているのではない。だが、「何でも話して」という「情緒的サポート」の部分ばかりが最初から前面に出ていれば、男らしさの病を重篤化させた多くの男性たちは、そこに足を踏み入れることを躊躇うだろう。そうした語りあいは副次的な要素として、できれば男性たちがある程度その場への参加に慣れてから行うのが望ましい、とケイはいう。

さらに言えば、そうした「語りあい」も、初めはフォーマットを決めた方が良い、とケイは勧める。繰り返しになるが「何でも話して」という自由は、感情を語る言語を身につけてこなかった男性にとって重圧でしかない。だから、少なくとも初めは「何について、どこに焦点を当てて話すのか」という枠があった方が、語りのハードルは下がるのである。

競われる介護負担――辛苦の告白を「男らしく」聞く

男性介護者のセルフヘルプ・グループは、上でも確認したように、弱音を吐くことを禁じる「男らしさ」の桎梏から解放される場としてしばしば見なされる。例えば、澁谷知美は、主に若年男性に向けたテキストのなかで、こうしたグループの参加者を、弱い自分をさらけ出せるようになるためのロール・モデルとして提示している（澁谷 2009：31-33）。澁谷によれば、彼らが自分の辛さを率直に語れるのは、互いに同じ立場にあり、同じ苦しみを共有しているからである。もちろん前に指摘した通り、男性介護者のすべてが自分の体験を容易に語れるわけではないが、彼らの語りの内容に理解が示されるのは、そうした立場の共有にある。だからこそ、安心して弱音を吐けるのだ、と澁谷はいう。

介護経験のない他の男性に、介護の大変さを語っても通じないストレスは、わたしが出会った息子介護者たちも言及していた。友人らは介護保険や介護サービスのことも詳しくないために、介護生活の何が大変かを語る以前に、「そうした制度の仕組みを説明することが話のヤマになってしまう」と愚痴をこぼす息子介護者もいた。

だが、大変さを理解してくれる相手に、自分の苦しい状況を打ち明けるとき、男性は本当に「弱音を吐いてはいけない」という男らしさから自由になっているのだろうか。結論から言えば、互いに苦しさを告白することは、弱さをさらけ出すどころか、逆に、強さを競いあうことになる（少なくとも当人にとってはそのように感じられてしまう）場合があるということである。

わたしが出会った息子介護者のなかには、自分と同じように親を介護している友人や知人にこそ、「辛い」「苦しい」とこぼすことを躊躇する、という男性たちがいた。彼らを躊躇させるのは、友人や知人もまた、その「辛い」「苦しい」介護に立ち向かっているからである。例えば、五〇代のある息子介護者は、友人たちもまた介護に苦しんでいることを知って、愚痴をこぼしてばかりの自分が恥ずかしくなった、と語る。

みんな、何かしら（介護に）携わってたりするんだよね。……そいつ（＝友人）も（親の）おむつ替えるだけで一日にこんな（時間を）かけてる、って言ってました。もう、へとへとだって。（介護が）大変なのね、そんなの自分だけじゃないってわかったんですよ。なのに、何、ほら、特別なことみたいに、大変だ、大変だって。そんなの恥ずかしいって思ったんですよね。

彼の発言が示唆しているのは、介護者仲間としての男性は、最も弱音を吐きにくい相手になる場合がある、ということである。同性で、親の介護という同じ困難を共有する友人は、自分と立場を同じくする合わせ鏡のような男性である。だからこそ、辛い状況に置かれたときのそれぞれの反応の違いが、より際立つことになる。彼が、音を上げる自分を恥ずかしく思ったのは、友人を相手に介護という土俵で張り合っていたからである。

男性のヘルプ・シーキング（助けを求める行動）を研究するマイケル・アディスは、他の男性と苦悩を共有していることは、彼らが「助けて」と言える動機づけには必ずしもならない、と指摘する（Addis & Mahalik 2003）。アディスは、男性のヘルプ・シーキングを左右するいくつかの要因を提示している。そのうちの一つは、苦悩の共有、より具体的に言えば、自分が困っているある問題を、他の男性もまた同じように困っている、と認識することである。同じ問題を抱えていても、それを「辛い」と感じているのが自分だけだと分かれば、男性は自分だけが「弱い」ことが露見するのを恐れて、助けを求めることはしなくなる。したがって、自分と同様、介護に悩み苦しむ男性に出会うことは、「辛い」「助けて」と言える条件の一つをクリアしたことにはなる。

だが、アディスによれば、より重要なのは次の要素である。それは、他の男性、特に、自分と同じ境遇の男性が、その問題にどのように対処しているか、ということである。周囲の男性が自分と同じ問題を抱え、自分と同じようにそれに苦悩していたとしても、彼らがその問題に粛々と立ち向かっている限り、自分もまた立ち向かわざるをえなくなる。そうしなければ、自分だけが際立って「弱い」ことが明らかになってしまうからである。問題に立ち向かう負担が既に自分の許容量を超えていたとしても、自分だけが周りよりも多く「助けて」を言うわけにはいかないし、まして、その問題を投げ出すわけにはいかないのである。つまり、同じ問題を抱え、同じようにその問題に悩み苦しむ同輩に囲まれることは、必ずしも安心して弱音を吐ける場所にはならない。むしろ、弱さを見せられない「男らしさ」から外れることを、より難しくさせる環境にもなりうるのである。

「出会い」の拒否が「最善の選択」になるとき

さきの息子介護者の発言が示唆しているのは、他の男性が語る介護の辛さや大変さが、相手の弱さを表すものとは受け止められていない、ということである。むしろそれは、辛さや大変さを抱えながらも、それでも立ち向かい続けているという相手の強さを示すものと考えられている。だからこそ、彼は愚痴ばかりこぼす自分が「恥ずかしい」と感じ、自分も負けていられないと奮起したのである。競争志向的な「男らしさ」のもとで、同輩男性の困難の語りが解釈されるとき、語り手の「いかに辛い目に遭っているか」という告白は、達成の自己申告と受け止められ、翻って、聞き手に自身の達成の自己評価を迫る挑戦となる。
だとすれば、立場や境遇を同じくすることは、男性たちの競争志向に拍車をかける可能性がある。親を介護する息子どうしであれば、相手の語る「いかに辛い目に遭っているか」が、よりよく理解できる。言い換えれば、相手がどれほどの困難に立ち向かっているか、という相手の強さや達成が、より明確に伝わる、ということである。前述の通り、介護経験のない男性と話しても、その辛さや大変さが伝わらないと感じている息子介護者は多い。これは、自分がどれほどの困難に立ち向かっているかという強さの証、自身の「男らしさ」が伝わらないもどかしさと読み替えることもできよう。

介護を「女のしごと」と位置づける構造のもとでは、男性介護者の克服や達成はただでさえ評価されにくい。例えば、わたしが出会った独身の息子介護者は、自分に対する近所の人々の否定的な眼差しに嘆息していた。彼は、フルタイムの仕事から時間の融通の利くパートタイムの仕事に変え、母親の介護との両立に奮闘している。しかし、近所の人々が彼に投げかける言葉は、「もっとちゃんとお勤めして、お嫁さんでももらって、お母さん安心させないと」という心無いものである。彼がどれほど介護に熱心に取り組もうと、毎日仕事に出かけ、家庭を持つという、わかりやすい「男のあるべき姿」から外れている限り、批判的な評価にさらされるのである。

しかし、男性介護者だけで構成されている集団であれば、男性が介護していること自体に否定的な眼差しが向けられることもない。しかも、困難な状況に置かれながらも親の介護に立ち向かい続ける自分の強さが伝わりやすい聞き手たちが揃っている。彼らは、性別分業構造のノイズに苛まされることなく、辛く苦しい体験の語りを通して互いの強さを披露しあい、負けじと自分を奮い立たせながら「男らしい」関係を続けることができる。

男性介護者のみで構成された集団は、それ自体が「男らしさ」からの解放の場になるわけではない。性別役割に必ずしもそぐわない男性たちも（あるいはそうだからこそ）「男らしさ」に突き動かされる場合があることは、男性性研究が繰り返し示している（Carroll & Campbell 2007）。同じ境遇の男性たちを、自分の行為を評価するための「準拠集団」とし、競争志向的な「男らしさ」の解釈枠組みのもと、相手の辛く苦しい体験の語りを達成や克服の物語と読みながら、自分を奮起させる――これは、介護を土俵とした「男らしさ」の競演《パフォーマンス》である。

もちろん、互いの達成や克服を認め合うことは、介護を続ける励みにもなり、参加者にとっては心理的にポジティブな効果ももたらすだろう。社会的に周縁へと追いやられた者たちが互いをエンカレッジし、困難を乗り越えるための契機とすることが、こうしたセルフヘルプ・グループの目的である。

だが、「頑張っている自分」を呈示し、認めあうことが形式化された場へ、最も助けが必要であるような男性介護者たちは足を踏み入れたがるのだろうか。そのような男性たちは「頑張っている自分」を呈示する余裕がないほどに、心身ともに消耗しきっている。男性にとって弱さを最も見せたくないのは同じ立場の男性たちだと言われている（Addis & Mahalik 2003）。彼らは、弱りきった自分の姿がより鮮明になる比較対象としての同輩の前には、決して出ていきたくないだろう。

最も助けが必要な男性たちが、同輩が集まる場に救いを求めに現れることが可能になるためには、彼らが既に「男らしさ」の桎梏から解放されていなければいけない。競争志向的な「男らしさ」の解釈枠組みをもったまま、同輩たちの「辛い」「苦しい」体験談に触れたなら、それは「それでも頑張っている」彼らの強さの自己呈示にしか聞こえないだろう。だが、弱り切った自分には、それと競りあうこともできない。弱り切った一方で「男らしさ」を捨てきれない男性が自分を守るためには、そのような同輩と接触しないことが「最善の選択」となるのである。

「男には男を」は、いつ・どれだけ有効か

冒頭で述べた通り、男性介護者のセルフヘルプ・グループは、身近な環境では出会いづらい他の男性介護者と出会える場であることが売りになっている。だが、ここまで見てきた通り、メンバーが同じ男性介護者であるからこそ参加に足踏みをしてしまう男性がいることも確かである。つまり、同輩と出会えることは、必ずしもすべての男性介護者にとって効果的な誘因にはなっていない。

前節でも紹介したレナード・ケイは、男性介護者に対する長年の支援実践および実証知見をもとに、セルフヘルプ・グループにおけるメンバーが男性だけである必要は必ずしもない、と結論している（Kaye 2002）。ケイによれば、「男には男を」という指針が一貫して効果的なのは、グループへの勧誘の段階に限られる。介護者の集まりに興味をもっていても、そこに男性である自分の居場所

があるのかどうか、不安に感じる男性介護者は少なくない。介護が「女性のしごと」と定義されるジェンダー構造は根強く、実際、彼らの周りでも家族を介護しているのは圧倒的に女性が多いからである。男性の参加者がいることをアピールすることは、そうした不安を抱える男性介護者に対して、参加のハードルを下げる効果がある。実際に参加している男性が勧誘をすることは、そのようなアピールの手段になる。

しかしながら、男性の居場所があることは、参加者が全員男性でなければいけないことを意味しない。男性介護者の研究のなかには、同性メンバーが少数派だとグループのなかで困惑する場合があることを報告するものも確かにあるが（Russell 2004）、ケイは、必ずしもそのような男性ばかりではないことに注意を呼びかける。男性だけのグループでなくても話しやすい者もいるし、そうでない方が話しやすい者も当然いる。また、男性介護者の参加継続率に関して、メンバーが男性だけの方が男女混合の場合よりも高くなる、というエビデンスはない、とケイは述べる。つまり、「男には男を」の指針が有効なのは、男性介護者がグループに参加するか迷っている段階だけであり、彼らがひとたび参加してしまえば、そのような指針が常に必要というわけではない、というのがケイの結論である。

ケイの提案は、どのようなグループに参加するのがよいかは個々の介護者に委ねよ、という穏当なものである。それぞれの男性介護者の希望に応じて、男性のみのグループ、男女混合のグループのどちらも選べるようにすることが、全体として彼らの参加継続率を伸ばすことに繋がる。逆に言えば、男性は男性どうしの方が良いに違いない、という仮定のもと、男性介護者に対して常に男性のみのグループを割り当てれば、結局、脱落者の数を増やすことになる(1)。

全然違う「あちらさん」――同じだからこそ際立つ差異

男性介護者のセルフヘルプ・グループは、参加者が「皆同じ」介護する男であるからこそ体験を共有できる場になると考えられている。だが、それは本当に「皆同じ」なのだろうか。わたしが出会った息子介護者のなかには、一度はそうしたグループに参加したものの出席を辞めてしまった者が何人かいるが、彼らが言及していたのは、参加者の共通点がいかに限られていたか、ということだった。

例えば、四〇代のある息子介護者は、ケアマネジャーの勧めで、自宅から通える介護者の集いに出席していたことがあった。その会は、グループのメンバーは同性で揃えることを原則としていたため、彼は選択の余地なく、男性介護者だけで構成されたグループに参加することになった。結局、彼はその会に馴染むことができず、インタビュー当時、もうそこへは顔を出していなかった。彼はその理由を次のように語る。

……老人を介護してるっていうくらいしか共通してるものがないんです。……やっぱり(他の参加者には)年配の方が多くてですね。奥さんを(デイサービスに)預けて来ている方が多くて。

この通り、(自分には)嫁さんもいなくて。おふくろ一人ですし。……仕事もあちら(=他の参加者)とは違って……途中で辞めてますし(著者注：他の参加者が定年退職後の男性であることを指している)。全然、生活が違うんですよね、はっきり言って。

一般的には「老人を介護してる」男=男性介護者として一括りにされるであろう彼と他の参加者は、彼自身からすれば、自分とは「全然、生活が違う」存在だった。わたしが彼に「どのようなグループならその場にもっと居やすかったでしょうか」と尋ねてみたところ、彼の答えは「同じ立場の人だったら」というものだった。彼のいう「同じ立場の人」とは、「嫁さん」がおらず、仕事も「途中で辞めて」いる男性のことである。

グループのメンバーが全員男性であることは、参加者のジェンダーという点において同じであるからこそ、ジェンダー以外の違いが際立つ環境である。彼がまず目を向けたのは、同じ「老人を介護してる」点ではなく、婚姻や就労における他の参加者との違いだった。他の参加者が語った介護体験のなかには、彼の体験と共通する部分があったかもしれないが、違いの方を意識していた彼は、「あちらさん」と自分の体験がいかに異なっているかに焦点を当てて、体験談を聞いていたと考えられる。彼が「全然、生活が違う」と、共通点が皆無だと強調していることからも、それがうかがえる。

おそらく、彼にとって居心地が悪かったのは、他の参加者と単に「生活が違」っていたからではない。彼を居づらくさせていたのは、他の参加者と異なり自分には「嫁さん」もおらず、仕事も「途中で辞めて」おり、つまり、家庭をもち、職に就いているという「男としてのあるべき姿」から外れていることを、意識させられたことにあるのではないだろうか。彼が、年配の他の参加者との違いを語るとき、年齢や世代の違いではなく、専ら婚姻や就労の違いに目を向けていることが、それを示唆する。

彼の語りは、わたしが出会った独身の息子介護者で、同性の友人や（元）同僚との接触を避けていた者たちの語りと共通している。彼と同年代のこの息子介護者たちが、友人や（元）同僚を避けていたのは、彼らが「失ったもの」を突きつけられたくないからだった。親の介護によって結婚や職業キャリアを断念していた彼らは、家庭をもち、仕事も順調な「非・介護者」である友人や（元）同僚と接するたび「どん底」の気分になる、と語っていた（平山 2014：260-262）。

ここでもまた「男らしさ」の桎梏は、息子介護者をセルフヘルプ・グループから遠ざけるよう働いている。「男としてのあるべき姿」から外れたと感じている息子介護者は、セルフヘルプ・グループで、同じ介護者なのに妻がいてキャリアもある男性に出会い、彼らと自分の「違い」に直面することで挫折感を強くする。事実、ある独身・無職の息子介護者は、他の男性の「親を看ながら働き続けるのは難しいが、家族のために辞めるわけにもいかない」という「悩み」を聞くことに抵抗感を覚えていた。彼からすれば、その「悩み」は、「仕事もあって妻も子どももいる」という自慢にしか聞こえなかったのだろう。「同じ男性介護者」として一括りにされ、「男性どうしの方が分かりあえるはず」という前提のもと、男性介護者だけのグループに入れられることは、彼らにとって最も苦痛な経験になりうるのである。

「同じ男どうしだからこそ」を超えて

本章の目的は、男性介護者のセルフヘルプ・グループを否定することではない。むしろ、そうしたグループがより幅広い男性介護者にアクセシブルになるために、参加を躊躇う者、一度は参加したが辞めてしまった者の声に耳を傾け、何が障壁になっているのかを考察することにあった。本章の考察から示唆されたのは、「同じ男性どうしだからこそ分かりあえる」という前提を再検討する必要性である。

まず、「男らしさ」という観点からすれば、同じ立場の男性が集まって自由に体験を語る、という形式自体が高いハードルになりうる。「何でも話してよい」という自由は、「男らしく」感情表現を控えてきた者にとっては重圧でしかない。また、同じ立場にあることは、かえって互いの差を鮮明にする場合があり、それが「男らしい」競争志向を一層駆り立てる可能性がある。

少なくとも現状としては、こうしたグループは、支援が最も必要な男性介護者にとって入りづらい場所になっている、と言えるかもしれない。

例えば、「男らしさ」にとらわれ、「女性のしごと」である介護を担うことにフラストレーションを感じているような男性ほど、内面に目を向け、自分の感情を言葉にすることには慣れていないだろう。「失感情言語化症」が「男らしさ」の病であるように、そうした感情表現は「男らしさ」の対極にあると言えるからである。「男でありながら介護をしている自分」にやるせなさを感じている男性は最も支援が必要とも言えるが、そう感じるほど「男らしさ」に縛られているからこそ、自由に話せる場には来づらくなる。

独身・無職の息子介護者もまた、支援の必要性が高い介護者である。春日キスヨが示すように、介護基盤が脆弱で虐待関係に陥るリスクが最も高いのが、独身・無職の息子だからである（春日 2013）。だが、前述の通り、彼らのなかには自分の現在の状況を直視したくない者もいる。その理由は、自分が「男としてあるべき姿」から外れていると感じているからであり、だからこそ、「あるべき姿」に当てはまる既婚・有職の男性介護者と接触する可能性のあるグループには入りたくない。

だとすれば、グループに参加しやすいのは、「男らしさ」や「男としてあるべき姿」に比較的とらわれていないか、そこから抜け出る意思が既にある者だということになる。そうでない場合は、グループのなかで「男らしさ」を演じ続ける余裕――「自分はこんなにも頑張っている」という強さの自己呈示を互いにしあい認めあう余裕――が残っている者ということになる。

グループに参加している男性介護者のなかには、「自分はどれにも当てはまらない」という者もいるかもしれない。もしそうだとすれば、それは、不参加者や脱落者の声をもとに考察を行ってきた本章とは別に検討すべき事柄である。「どれにも当てはまらない」男性介護者がなぜ参加し（続け）ているのか。それは、参加者自身が「なぜ自分はここにいられるのか」を問うことでしか分からないだろう。

以上のように、「同じ男性どうしだからこそ分かりあえる」という前提は、支援の有効性という観点から再検討を要するものである。さらに言えば、均質性を担保にした男性の連帯は、ジェンダー構造の再生産という観点からも問題含みである。そのような繋がりは、「ホモソーシャル」に限りなく近づくからである。ホモソーシャルは、男性優位のジェンダー構造を維持・再生産する、男性の社会関係の様式である（Sedgwick 1985＝2001）。ホモソーシャルな連帯では、女性ないし女性的なるものは排除され、男たちは互いを男として認めあうこと（「お前もなかなかやるな」）で結束する。また、女性を外部とすることで、ホモソーシャル内部の同質性が仮定され（「われわれの誰も『女性ではない』」）、男性間の差異は無化される。こうしたホモソーシャルな男性たちの連帯によって、男性社会への女性の参入は構造的に阻まれる。女性がそこに参入するためには「女なのに男の気持ちがわかる」という「名誉男性」の承認を男性から受ける以外にない。

本章の考察を経てみると、男性介護者のセルフヘルプ・グループは、ホモソーシャルな連帯に相似しているように見えないだろうか。「同じ男性どうしだからこそ」には、男性のケア経験を「女には分からないもの」として神聖化すると同時に、「男なら分かる」として「われわれ男性」の同質性が仮定されている。また、前述の通り、困難を語りあうことは互いの強さを呈示しあうふるまいにもなりうる。参加者たちは、互いの強さを披露しあい、認めあう。そこで実践されているのは、

「男なら分かる」、言い換えれば「男にしか分からない」経験の相互承認を通した結束、すなわち、ホモソーシャルな男たちの連帯である。

男性介護者のセルフヘルプ・グループが目指すべき方向は、「同じ男性どうし」という均質性を担保にした連帯に留保をつけること、すなわち、「介護役割を担っている以外は異質な者どうしが、いかにして手を取りあうか」の模索ではないだろうか。例えば、セルフヘルプ・グループの全国組織である「男性介護者と支援者の全国ネットワーク」の趣旨は、介護を「女性のしごと」とする構造に異議申し立てを行い、男女ともに介護を担うことのできる社会を目指すこと、であるはずである。[(2)] だとすれば、ジェンダー構造を再生産する社会関係の様式であるホモソーシャルな連帯の要素は、そのようなセルフヘルプ・グループでこそ注意深く取り除く必要があるだろう。「われわれ」のなかの異質性に注意を向け、もはや「われわれ」とは簡単には呼べなくなった「われわれ」が、それでも繋がるための作法と仕組みを考えること。それこそが、ジェンダー構造を解体すると誓った男性たちがすべき営み、そして、そう誓った男性にしかできない営みであると言えないだろうか。

注

（1）ただし、男性が女性と一緒のグループに参加する場合は、ジェンダー・ダイナミクスの観点から注意が必要である。男女混合のグループでは「性別役割分担」が自動的に発生し、女性がもっぱら聞き役に回ってしまう可能性がある。もちろん、そのような「分担」は男性個人の意図とは関係なく生じる場合もあるが、女性と同じグループに参入することでそのような事態が起こりうることに慎重になり、男性が意識的に聞き役を務めることも必要だろう。グループの参加者は、他のメンバーの体験を聞くだけでなく、自分の体験にも耳を傾けてもらいたくて、その場にいる。男性が入ることで自分たちばかり聞き役になっている、という状況が生まれるのであれば、女性のメンバーは男女混合のグループを嫌がるようになるだろう。そうなれば、男性介護者が男女混合のグループに入ることは難しくなる。だとすれば、男性のみのグループよりも男女混合のグループを望む男性が、自分が参加することによって生まれるジェンダー・ダイナミクスに自覚的になることは、結局のところ、自分の希望をかなえるために不可欠である。

(2)「男性介護者と支援者の全国ネットワーク」の趣旨を示す「結成宣言」は同ネットワークのウェブサイトにて閲覧可能である。http://dansei-kaigo.jp/aboutus/declaration.pdf

第五章　「老母に手を上げてしまう息子」の構築

――暴力の行使はいかにして自然化されているか

……ケア能力の不足と男性の「孤立性」、男性性と「暴力」というジェンダー要因が絡まって、小規模化し孤立・閉塞した家族空間のなかで介護者の怒りや絶望は暴力として、そして、無気力・無関心はネグレクトという形で要介護者に向かい、家族が家族成員の生存を脅かすリスク源となる関係がより容易につくられやすい……（春日 2013：182、傍点は引用者による）

要介護高齢者への家族による虐待の加害者のなかで、最も多くの割合を占めるのは息子である。序章でも触れたように、「加害者＝息子」の割合（四〇・三％）は、他の続柄（割合の多さ二位以降の夫＝一九・六％、娘＝一七・一％など）と比べて突出して多い（厚生労働省『平成二六年度高齢者虐待の防止、高齢者の養護者に対する支援等に関する法律に基づく対応状況等に関する調査結果』）。なぜ息子による虐待が多いのかを説明する要因としてしばしば挙げられるのが、男性性と結びついた暴力である。「『ケア能力』の低さやサポート・ネットワークの乏しさにより、男性は追い詰められやすい状況にある」と語られるときも、冒頭の引用のように、追い詰められた先でなぜ虐待者になってしまうかを「理解」するために、この暴力が自明のように持ち出されることは少なくない。

だが、第一章で議論したように、息子の虐待の被害者の多くが母親であることを考えると、この虐待は男性から女性への暴力として見なければいけない。それに対して、なぜ息子は追い詰められやすいのかを説明する上の要因のどれもが、加害者が男性であることにのみ焦点を当てており、被害者に女性が多いことは視野の外に置かれている。ジェニファー・メイソンの概念を採用し、ケアを与え手と受け手の「あいだ」に生じているものとして捉える本書では、ケアの場面での虐待関係についても、加害者と被害者のジェンダーの組み合わせを無視するわけにはいかない。

そこで本章では、息子が母を介護するという文脈で、男性性と暴力が自明になるのはなぜか、を問うてみたい。言い換えればそれは、要介護状態の母親に「手を上げる」息子が「自然」に見えるのは、わたしたちが「息子」についてどのような前提を抱いているからなのか、という問いであり、それはまた、息子による母への虐待を説明可能にしている「息子性(*son-hood*)」を分節化する試みでもある。

文脈の効果としての男性性と暴力の結びつき

攻撃性を男性性と結びつけ、そのような攻撃性の現れとしての他者への暴力を(それに対する評価の良し悪しはどうあれ)「男らしい」行為として見なすことは少なくない。感情の発露としてであれ、他者を統制する手段としてであれ、暴力を行使する/してしまう男性の姿は、女性がそうする場合よりも「自然」に見られやすい。だからこそ、第一章で指摘したように、親に手を上げてしまう息子は「自然」に見えるし、なぜ虐待者には息子が多いのかを説明する要因のひとつとして男性性と暴力の結びつきが挙げられ、その説明が説得力をもつのである。

しかし、攻撃性や暴力は、常に男性性と結びついているのだろうか。

フェミニスト老年学者のトニ・カラサンティは、攻撃性のような特定の性質によって男性性を定義することは、文脈依存的な差異化の実践としてのジェンダーを見えにくくすると指摘する（Calasanti 2010）。「男らしさ」の現れとして見なされる暴力の行使も、文脈を変えれば「男らしさ」が脱色される。むしろ「女らしさ」と結びつけられることさえもある。

例えば、ジェームズ・キャメロンの有名なアクション映画、『エイリアン2』を思い浮かべてみればよい。劇中では、子どもを失った過去をもつ女性主人公のエレン・リプリーと、親を亡くして孤児となった少女ニュートが、疑似母子として心を通わせていく。そして、エレンはニュートを守るため、人間を捕食するエイリアンや、そのエイリアンを経済的に利用しようと企む開発会社の人間たちと、武器をもって戦うのである。

獰猛かつ知的なエイリアンとの「殺すか殺されるか」の戦い（実際、この映画のキャッチコピーは「今度は戦争だ（This time it's war）」だった）。男性の登場人物がその過程で次々と倒れていくなかで、最後まで勝ち続けるエレンは誰よりも「男らしい」。だが、インターネットを検索すれば大量に見つかる映画評が示すように、暴力によって相手を叩きのめしていくエレンの姿は、彼女の女性とし

ての特性＝「母性」の現れとして見なされるのである。(1)

攻撃性や暴力は、必ずしも男性性と結びつくわけではない。エレン・リプリーによる暴力の行使が「母性」に結びつけられ、女性としての「自然」な振る舞いとして見なされたように、暴力は文脈に応じてジェンダー化される。それならば、男性性と暴力の結びつきも固定的なものではないはずだ。その結びつきが「自然」に見えるのだとしたら、そこにはそれを「自然」に見せるための、文脈に埋め込まれた何らかの前提があるはずである。(2)

「暴力と結びついた男性性が、息子による高齢の親への虐待につながっている」という説明は、男性性と暴力が常に結びついていることを前提としているという意味において、誤りである。にもかかわらず、この説明が妥当で説得力のあるものとして受け入れられるのだとすれば、それは、息子が高齢の親に対峙しているという文脈が、息子による暴力の行使を自然に見せる機能を果たしているからである。別様に言えば、文脈の結果であるはずの男性（性）と暴力の結びつきを原因と位置付けているこの説明は、倒錯なのである。

本章が分析の対象とするのは、この文脈の構成要素である。息子による親への暴力の行使が「自然」に見えるとき、そこにはそれを可能にする何らかの前提――問われることのない前提――が文脈に埋め込まれているはずである。本章では、その暗黙の前提を明らかにし、息子による親への暴力の行使がいかにして「自然」化されているのかを分節してみたい。

ＩＰＶとの比較——どのように分析するか

序章でも述べたように、男性の息子としての経験を考察したものは少ない。特に、息子による虐待という暴力の行使についてジェンダーの観点から分析したものは、冒頭に引用した春日キスヨの研究を除けば皆無と言ってよい状態である。

家族という私的領域における男性の暴力について、研究の対象として最も取り上げられているのは、配偶者・パートナーへの暴力（intimate partner violence：以下、ＩＰＶと略す）である。[3] ここではまず、息子から親への暴力が、ＩＰＶとしての男性の暴力といかに異なるかについて考えておきたい。「暴力は文脈超越的に男性性と結びついているわけではない」という立場からすれば、男性（息子）の暴力行使が「自然」に見える文脈は、息子の暴力の場合とＩＰＶの場合とでは異なって構成されている可能性がある。

ここでは特に、異性愛カップルにおける男性のＩＰＶ（夫から妻への暴力）と、息子による母親への暴力を比較してみたい。具体的には、ＩＰＶを記述し説明する枠組みが、息子による母親への暴力に対して、いかに適用（不）可能かを考えることで、両者の相違を明確にする作業を行いたい。ここで親を母親に限定するのは、息子による虐待においては、被害者が母というケースが統計上多いという現実によるのと同時に、暴力の被害者の性を統一することで、息子による暴力と夫による暴力の対比がより可能になるのではないか、という意図からである。

「テロリズム」と「状況的暴力」——ジョンソンによるＩＰＶの類型化

アメリカ合衆国では、ＩＰＶに関する調査研究が一九七〇年代から行われているが、ＩＰＶのジェンダー差をめぐる結果とその解釈について、二つの立場が対立を続けている。一方の群の調査結果では、ＩＰＶの行使には統計上有意なジェンダー差は見られていない。そのため、この調査研究を実施した人々は、ＩＰＶの被害者になる確率は「妻も夫も変わらない」と主張する。もう一方からは、ＩＰＶの加害者は圧倒的に男性であるという結果が得られており、ゆえにＩＰＶは「男性による女性の暴力として議論されるべき」とする立場がある。

社会学者のマイケル・ジョンソンは、前者（ジェンダー差なし）の立場をとる人々が、しばしばあらゆる種類の攻撃的な言動（＝暴力）を混ぜこぜにしてしまっている、と指摘する（Johnson 2005）。ジョンソンは、ＩＰＶとして一般的に語られているもののなかには次の二つ、①親密関係におけるテロリズム（intimate terrorism：以下「テロリズム」）と②状況特定的なカップル間での暴力（situational couple violence：以下「状況的暴力」）が混在している、と主張する。[4]

ジョンソンによれば、この二つは、動機や効果の面において異なるものである（Johnson 1995）。「テロリズム」は、その名称の通り、相手を恐怖によって人格的に支配するためのものである。だから、「テロリズム」としての暴力は、自身の優位性と相手の従属性を誇示するために恒常的に行使され、また、次第に激化する傾向がある。他方、「状況的暴力」は、特定の状況をおさめるために行われる、一回性の高い攻撃的な言動のことである。例えば、カップルのあいだで起きた口論がエスカレートした結果、お互いに相手を激しく責めたてる言葉を発したり、ときに「手が出る」ことなどがこれに含まれる。「状況的暴力」は、相手の人格と生活全体を支配するための「テロリズム」と異なり、特定の状況を管理するための手段として行われる。そのため、恒常的に行使されるわけではなく、また、次第に激化するといった時間的連続性をもつものではない。

ジョンソンは両者を区別した上で、「IPVにジェンダー差はない」と主張する立場が根拠とする調査結果は、主として「状況的暴力」の発生頻度についての統計であること、逆に、ジェンダー差があるという立場が根拠としているのは、「テロリズム」に焦点を当てたものであることを指摘する。実際、後者（ジェンダー差あり）の調査が、シェルターで保護を受けている被害者や、刑事事件となったケースを対象にしているのに対し、前者（ジェンダー差なし）の調査は、一般サンプルを用いている。ジョンソンは、一般サンプルを用いた社会調査においては、「テロリズム」の加害者は、暴力に関する項目への回答をしばしば拒否するという事実に注意を向けた上で、恒常的かつ過激なIPVは、そうした調査の結果には反映されにくいと説明する（Johnson 1995）。

ジョンソンは、どのような暴力も正当化されるわけではない、と断った上で、相手を生命の危機にさらすような暴力、それゆえに本来「ドメスティック・バイオレンス（domestic violence：DV）」として問題化されるべき暴力は「テロリズム」の方である、と訴える。同時に、「テロリズム」の加害者が圧倒的に男性である以上、DVは本来的に「女性に対する男性の暴力」として理解されなければいけない、と主張する(5)（Johnson 2005）。だからこそ、ジョンソンはDVという用語の使用に慎重であり、暴力の動機（恐怖を喚起することでの相手に対する人格的な支配＝テロリズム）とその行使主体（家長である男性が圧倒的に多い）を明確にできる「家父長的テロリズム（patriarchal terrorism）」という用語をしばしば用いている。[6]

どちらが強者なのかわかりづらい――「テロリズム」との差異

ＩＰＶを「テロリズム」と「状況的暴力」に区別するこの枠組みを参照するとしたら、高齢の母親に対する息子の暴力は、ＩＰＶとのどのような違いを指摘できるだろうか。

まず大きく異なるのは、ＩＰＶの「テロリズム」における圧倒的強者による支配という関係性が、「加害者＝息子」の場合には必ずしも当てはまらないことである。たしかに、さきに述べたように「テロリズム」は、「加害者＝男性」「被害者＝女性」というＩＰＶであり、加害者と被害者の性だけを見れば、息子から母への暴力と「テロリズム」は似ているように見える。だが、「テロリズム」と異なるのは、息子と母の関係においては「加害者＝息子」は一概に優位に立っているとは言えないことである。

日本におけるＤＶ研究の第一人者である信田さよ子が指摘するように、夫と妻のあいだには初めから圧倒的な力の差が存在する（信田 2015：120）。多くの場合、男性は女性に比べて身体的に大きく、肉体的な力において勝っている。また、多くの場合、経済力においても夫は優位であり、夫婦が別れた場合、困窮する可能性が高いのは妻の方である。信田は、夫婦が対峙した場合に、夫の側がこれらの肉体的・経済的な資源を禁じ手としない限り、両者が対等に対決することは不可能である、と言う。逆に言えば、「テロリズム」ないしＤＶの加害者は、その暴力の行使以前から、妻に対して圧倒的に優位に立っていたということである。

他方、息子による母への暴力の場合、必ずしも加害者（息子）は被害者（母）より優位に立っているとは言えない。確かに、肉体的な面で言えば、壮年男性である息子は、高齢女性である母よりも圧倒的に優位だと言えるだろう。しかし、経済的側面についてはどうだろうか。序章で指摘したように、息子介護者のなかには、経済的に独立できない単身の息子が、なし崩し的に親の介護者となってしまったケースが相当数含まれている。単身で親と同居するこのような息子たちは、虐待加害者に占める割合が大きい息子たちでもある。つまり、虐待加害者になった息子の多くは、経済的な側面で言えば、被害者である母親よりも劣位にある。彼らが生活を続けるためには、母親の経済的資源に依存せざるをえない。例えば、彼らの生活資金が高齢の母親の年金に限られる場合、母親がいなくなる（＝母親と死別する）ことで困窮するのは加害者である息子の方である。したがって、「テロリズム」の場合と異なり、加害者（息子）は、被害者（母親）に対して圧倒的に優位に立っているとは、必ずしも言えない。実際、春日キスヨは、支援専門職者へのインタビューから、息子と母の二人暮らし世帯における虐待が認知されにくい理由として、「どちらが強者なのかがわかりづらいから」という言葉を引き出している（春日 2008：108）。

肉体的な力の差で理解することの限界

ところで、IPVにおけるもうひとつの類型「状況的暴力」は、息子による母への暴力に対する見方について、別の示唆を与えてくれる。その示唆とは「息子＝男性は力が強いから虐待が起きやすい」という通説に対する示唆ないし懐疑である。

特定の状況をおさめる手段としての「状況的暴力」を親の介護の場面に当てはめるとすれば、例えば、不可解な行動や反抗的な態度をとったりする親を抑えるために、怒鳴りつけたり「思わず手を上げてしまう」ことが、そこでの「状況的暴力」に含まれるだろう。通説が念頭に置いているのは、おそらくこのような暴力である。つまり、親を抑えようと「思わず手が出てしまう」場合、息子＝男性の方が娘＝女性に比べて力が強いがゆえに、親に対して重大な傷害をもたらしてしまう、というのが、この通説の意味するところだろう。

平均的に見て、息子＝男性の方が肉体的な力は強い、というのはある程度事実であるから、この力の差にもとづいて「息子＝男性は虐待し（てしまい）やすい」ということは一見妥当であるように思えるかもしれない。だが、よく考えてみると、この「息子＝男性の方が力が強い」という事実は、息子の暴力を「自然」に見せる上で、思いのほか限定的な効果しかもたらさないことがわかる。

端的に言えば、この事実は、暴力の結果にしか適用できない。通説はおそらく「状況的暴力」を行使する確率（「思わず手を上げてしまう」確率）自体にはジェンダー差がないことを想定している（もしくは、それを不問に付している）。その上で、振るってしまった暴力が、息子＝男性の場合、女性＝娘よりも力が強いことが原因で、結果として虐待として見なされるような過激な暴力になってしまった、と考えている。言い換えれば、「息子＝男性の方が力が強い」という事実は、息子がなぜ暴力を行使するのかを説明するものではない。また、それゆえに、息子が暴力を行使することを「自然」に見せる機能を果たしているわけでもない。

さらに付け加えるとすれば、わたし自身は、真偽のレベルにおいて、この通説には懐疑的である。暴力の対象が高齢の親であることを考えると、たとえ「息子＝男性の方が力が強い」という事実があったとしても、虐待加害者に占める割合の男女差を説明することはできないと考えるからである。

わたしがこれに懐疑的なのは、この通説が、暴力の行使主体、すなわち「誰が」暴力を行使するかにのみ焦点を当て、加害者（息子）と加害者（娘）の力の差だけで結論を導いてしまっており、「誰が」「誰に」暴力を振るうのか、つまり、加害者（子）と被害者（親）の肉体的な力の差を考慮していないからである。確かに息子と娘を比べれば、息子の方が力が強いだろう（＝加害者間の力の比較）。だが、被害者が要介護高齢者であることを考えれば、加害者がたとえ娘であっても、被害者との力の差はやはり圧倒的である（＝加害者と被害者の力の比較）。不謹慎に聞こえるかもしれないが、息子であれ娘であれ、肉体的に健常な子にとっては、相手が体を動かすのもままならない老い衰えた親であれば、致命傷を与えることなど簡単なはずである。「思わず手を上げ」さえすれば、圧倒的弱者である親を命の危機にさらすことは、娘であっても十分可能なはずだろう。

要するに、「息子＝男性の方が力が強い」ことだけでは、虐待加害者に占める割合の男女差は必ずしも説明できない。むしろ、この男女差が示しているのは、女性は「思わず手を上げ」さえすれば容易に命を奪いうる相手に対してすら自分の力を行使していないということだ、と解釈することもできる。だとすれば逆に、男性はなぜそのような弱者に対しても、自身の力を行使してしまえるのか、と問うこともできる。「息子＝男性の方が力が強い」という事実だけで虐待の男女差を説明することは、「男性はなぜ弱者を蹂躙できるのか」という問いを棚上げしてしまう。

IPVとの比較から示唆されること

IPVとしての夫から妻への暴力と、息子から母への暴力の違いについてのこれまでの検討を踏まえると、息子による暴力の行使が「自然」に見える文脈の構成を考える際に留意すべき点がいくつか指摘できる。

まず、息子から母への暴力は、圧倒的強者である男性から圧倒的弱者である女性への支配のかたちとして、単純に見ることはできない。虐待加害者に多いのが単身で親と同居している息子であり、その息子が親に経済的には依存していることを考えると、この暴力の特徴の一つには、加害者による被害者への依存が含まれうる。だとすれば、この文脈には、依存的な息子が振るう暴力が「自然」に見えることを可能にする、何らかの前提が埋め込まれていることになる。

もう一つは、この暴力を「自然」に見せる上で、「息子＝男性は力が強い」という肉体面に関するジェンダー差の事実は、それほど「使えない」ということである。さきにも述べたように、この事実は、「思わず手を上げ」てしまった場合に、結果として虐待になってしまったことを説明するために使われるが、ここで考えるべきなのは「思わず手を上げる」そのこと自体だからである。つまり、息子が「思わず手を上げる」姿が「自然」に見えるのはなぜかということ、（繰り返しになるが）どのような前提を置けばそれが「自然」に見えてしまうのか、ということこそが検討されなければいけないからである。

つねに既にそこに在る関係？――男性にとっての家族

ところで、規範的な男性像においては、往々にして自立や自律が結びつけられてきた（伊藤 1996）。他者に頼らず、生活を自分自身で管理統制することが男性としてのあるべき姿だとしたら、母に依存し続ける成人の息子は、男性としては「逸脱的」な存在として位置付けられるようにも思える。また、母への暴力という逸脱的な行為は、そもそもその行為の主体が「逸脱的」だからこそ「自然」に見える（「『ふつう』ではない男性が『ふつう』ではないことをしているだけ」）という論理も成り立つかもしれない。

だが、男性に対して規範的に求められる自立性とは、他者への非・依存を意味しているのだろうか。依存する息子は、それほどまでに男性として「逸脱的」だと言えるのだろうか。

岡野八代は、公的領域における自立的主体が、私的領域における原初の依存という来歴を忘却することによって可能になる「フィクション」であることを明らかにした（岡野 2012）。私的領域ににおける依存を「なかったこと」にできるのだとしたら、公的領域における自立を志向する男性であっても、私的領域においては「依存し放題」になることができるし、その「依存し放題」は公的領域における自立にまったく差し障りがないことになる。男性の自立が、家族という私的領域における女性のケア労働に依存して成り立っていることは、フェミニストの分析によって既に明らかになっている（上野 1990）。公的領域において自立していると目される男性、例えば、就労し、生活に必要な経済的資源を獲得する男性は、自身の生存に必要なケア労働の多くまたはすべてを、女性に依存している。(7)

ここでいうケア労働とは、作業＝タスク（task）としての家事・育児・介護などをこなすことに限られない。第一章で検討したように、ケアすること（caring）には、関係の調整という要素も含まれている。というより、この関係調整は、タスクと同時に、あるいはタスクを通して、なされていることが多い。ディヴォートの「ごはんをあげる（feeding）」の分析（DeVault 1991）によって示唆されていたように、「ごはんをあげる」ことが誰かの生存や生活を支えるタスクになるのは、相手の嗜好や心身の状態を理解した上でそれがなされているからだが（Mason 1996）、相手を理解するという営みは、他者と意思疎通を図るという意味において、他者と関わる＝関係を築き維持する活動そのものである。つまり、それらのタスクがケアになるとき、そこには大抵、関係調整の要素が織り込まれている。(8)

この関係調整は、家族研究（family studies）の分野で指摘されてきたキン・キーピング（kinkeeping）に重なるものである。キン・キーピングは家族や親戚の間で情報共有を図ったり、交流の機会をつくったりして、親族関係を維持するとともに、メンバーがその関係から零れ落ちるのを防ぐことである（Rosenthal 1985）。例えば、自分自身は子どもや義理の家族とほとんど話もしていないのに、折に触れて連絡をとっている妻を通じて、コンタクトのない家族や親戚の生活状況を把握し、繋がりが維持できている（ように思える）のは、妻のキン・キーピングのおかげである。デイヴォートの研究でも、「ごはんをあげる」という食事提供の場が、いかに家族関係の管理・調整の機会として（すなわちキン・キーピングとして）機能しているかが描かれていた（DeVault 1991：78-91）。つまり、主観的な繋がりであれ、あるいは資源や情報の「流通経路」としてであれ、家族・親族が「存在」しているとすれば、それは不断のキン・キーピングの成果なのである。そして、他のケア労働と同様、このキン・キーピングを主に担っている／担わされているのもまた女性である（Bracke, Christiaens, & Wauterrickx 2008）(9)。

天田城介は、関係の調整というケア労働を「社会関係のメンテナンス」と呼び、家族におけるケア労働のうち、ジェンダー平等が最もなされにくいのが、この「社会関係のメンテナンス」であると指摘する（天田 2015）。天田によれば、特に若い世代の夫婦において、タスクとしての家事や育児というケア労働を積極的に行おうとする男性（＝夫）は増えている。だが、それらの男性も「社会関係のメンテナンス」については積極的に参加しようとしない。というよりも彼らは、そのようなケア労働の必要性にすら気づいていないのでは、と天田はいう。

天田はこれを、育児を例に説明する。さきの男性たちは、子どもの世話自体は自発的・積極的に行おうとする。だが、子どもを育てる上では、祖父母たちとの関係など親族ネットワークの調整に加え、子どもの友人やその親との付き合いなど、子どもを通じて形成されたネットワークの調整と管理も重要になってくる。このネットワークの調整と管理は、妻／母親が一手に引き受けている場合が多い。夫からすれば、そのような関係調整は、子どもへの直接的な世話＝タスクに比べれば周縁的で、なくても良いものに感じられるため、それを担う積極的な意義が見つからない。ママ友との関係を調整する難しさや煩わしさに悩む妻に対し、「そんなに嫌なら、付き合うのやめちゃいなよ」と夫が安易に「助言」するのはそのためである。

だが、天田によれば、「社会関係のメンテナンス」は決して周縁的なケア労働ではない。むしろ、それが前提となってタスクとしての家事や育児が機能するという点で、家族におけるケア労働の基礎になっているという側面もある。そもそも集団としての家族が瓦解してしまえば、家族におけるケア労働自体、不可能だからである。

男性が関係調整に必要性を感じず、それにコミットしようとしないのは、彼らが家族を「つねに既にそこにあるもの」として見ているからではないか。彼らが見ている家族とは、女性の関係調整によって維持され、管理された後の姿である。天田は、男性の家事や育児はたいてい女性による「お膳立て」の上になされている、という。女性の関係調整によって、つねに既に出来上がった家族という場において、タスクとしての家事や育児を（女性の代わりに）行うことが、男性による「家族におけるケア労働の参加」だからである。

男性という受動性――家庭における男性の振る舞いを説明可能にするもの

家族を「つねに既にそこにあるもの」とする男性は、家族において自分を受動的な位置に置いているということである。家族の関係が「つねに既にそこにある」のならば、男性にとって家族は所与＝「与えられたもの」である。逆に言えば、家族のなかで「男性である」ということは、家族の関係性に能動的に働きかけ、変化を生じさせることから「降りる」ことだとも言えよう。

家族における男性の受動性がいかに自明視されているかは、それが家族の問題を語るときに、しばしば前提として、当然視されていることからもわかる。例えば、夫婦の家事分担に関する旭化成の広告に端を発した、二〇一四年の「家事ハラ」をめぐる問題は、この前提をはしなくも露呈させた。

「家事ハラ」こと「家事労働ハラスメント」とは、本来、家事労働とそれを担う者への蔑視を告発するために、竹信三恵子が提唱した用語である（竹信 2013）。だが、旭化成の広告は、「家事ハラ」の本来の意味をすり替え、夫の家事のしかたに対する妻の批判的な言動を〝家事ハラ〟とし、その〝家事ハラ〟こそが男性の家事意欲を挫き、家事から遠ざけているように描いたのだった。こうした「家事ハラ」の誤用に対する竹信自身による抗議も含め、全国的に巻き起こった批判を受けて、旭化成はこの広告を撤回するに至った。

この広告でも、男性の受動性が前提となっていることがわかる。妻の批判によって夫は家事をしなくなる、というように、男性が家事をしなくなる「原因」は家族のなかの他者（女性）にある。家族における男性の行動は、受動的な反応とされているのである。こうして、家族における男性の行動は、男性自身よりも周囲（女性）に帰責される。男性が「（家事を）しようとしない」ことよりも、女性が「（家事を）させようとしない」ことがまず問題にされるのである。

男性の受動性は、男性自身が家族における自分の行動を説明する際にも、しばしば用いられる。信田さよ子によれば、DV加害者である夫は被害者意識に満ちている（信田 2015：179-180）。彼らによれば、彼らを「暴発」させたのは、妻である。夫に対する度重なる要求や、家族として「あるまじき振る舞い」――ただし、何が「あるまじき振る舞い」なのかを定義しているのも夫自身である――が、彼の忍耐の限界を超えてしまった結果、暴力となって妻へ向かってしまったと説明する加害者が多いことを信田は指摘する。ここでもまた、夫＝男性たちは、自分の行動を妻＝女性の態度・振る舞いの反応として理解している。この論理に従えば、暴力の責任はまず、彼らを追い詰めた妻にあることになる。

「男らしさ＝感情的」という逆説

私的領域としての家族はプライヴァシーに属するが、そのプライヴァシーの最たるもの、究極的な私的領域と考えられているものは、個人の内部の感情である。この感情という私的領域に対しても、男性は自らを受動的な存在、感情に左右されやすい存在として位置付ける。

一般的に、男らしさとは感情を抑制することだとされているから、男性が感情に対して受動的、感情に左右されやすい、というと、真逆のことを言っていると思われるかもしれない。だが、なぜ感情を抑制するかといえば、それは、ひとたび起きた感情に自分が「なすがままにされる」ことを知っているからであり、そうなることを怖れているからである。

実際、男性は、生じた感情を「何とかする」よりも、感情自体が起きないように努める。例えば、上野千鶴子は、障がい児の父親の振る舞いに関する要田洋江の研究を参照しながら、危機に対する男性の対処のしかたの特徴として、否認（重大な問題が起きていること自体を認めないこと）、逃避（問題から物理的・心理的に距離を置くこと）、嗜癖（アルコールやギャンブルなどに依存すること）の三つを挙げている（上野 2013：196–199）。上野が指摘するこの三つは、どれも危機自体を直視しないようにする方法であり、要するに、危機を直視する際に生じる不安や怖れといった感情にとらわれることを回避するための方法であるといえる。

男性が感情を抑制することに固執するのは、感情を起こさないことまでが自身のコントロールの及ぶ範囲だと考えているからである。逆に、起こってしまった感情に対しては自分のコントロールが効かないことを認めている。その意味で、男性は、感情に対して受け身であり続けている。感情を抑えつけようとする「男らしい」男性は、逆説的に、きわめて感情的なのである。(10)

私的領域における男性の受動性

私的領域において、男性は受動性そのものである。この受動性は、公的領域における自立性を脅かすことはなく、逆に言えば、私的領域における受動性を「ないもの」にしておかない限り、男性の自立性は成立しえない。「男らしさ」には自立と自律が核にあると一般的には考えられているが、男性が重視する自立と自律はきわめて限定的であり、現実における「男らしい」存在とは依存的で受動的である。男性は、私的領域における他者に対しても、自分自身の感情に対しても「されるがまま」の受動的存在である。

だとすれば、母親に依存し続ける成人の息子は、必ずしも「逸脱的」な男性ではない。就労できず、経済的に自立でききず、親と同居を続けているうちに息子介護者となってしまった彼らは、公的領域における自立性がないがゆえに、私的領域における「男らしさ」だけが際立っているに過ぎない。ひょっとすると、私的領域における依存を「ないもの」として欺瞞的に自立を標榜する男性に比べれば、まったき依存として存在する彼らは、ある意味では究極的に「男らしい」とさえ言えるかもしれない。

この息子たちが母親に対して暴力を行使する姿を「自然」に見せるような、この文脈に埋め込まれた前提とは、私的領域における男性の受動性ではないだろうか。

この息子たちにとって、母親は関係調整というケア労働を依存できる唯一の存在である。その母親が要介護状態となり、そのケア労働を提供できなくなったとき、彼らは、誰にも調整してもらえないまま、母との関係にただ翻弄されるしかない。この危機的状況において依存先を移すこともできず、そこから逃避することもできない彼らは、不安と怖れに直面するしかない。彼らは、そうした感情に「なされるがまま」の男性なのだから、不可解で反抗的な母親を前にただ混乱し、「暴発」しても「おかしくはない」だろう。

依存的な息子による母親への暴力は、ＩＰＶにおける「テロリズム」のような、圧倒的強者による支配という枠組みにはなじみにくい暴力である。だが、私的領域における男性の受動性を前提にすれば、母親に暴力を行使する彼らの姿は、「あってもおかしくはない」という意味で「自然」に見える。要介護状態の母親を前にした息子という場面設定において、息子＝男性と暴力の結びつきを「自然」に見せるための文脈に埋め込まれた前提とは、関係調整を女性に依存し、家族の関係と自分の感情に「なされるがまま」という、私的領域における「男らしさ」なのである。

念のため付け加えておけば、わたしはここで、すべての男性が受動的であると言いたいわけではないし、ましてや、要介護状態の母親と同居する単身の息子が暴力的である、と主張しているわけでもない。男性の私的領域における受動性とは、高齢の母に暴力を行使する息子を評価する際にわたしたちが動員しているであろう前提である。(11)

息子としての男性を主題とする本書は、息子介護に関わる問題の一つである虐待の語られ方から、息子と暴力性の結びつきに着目した。虐待する息子については、「息子＝男性は暴力的だから」というような、ほとんど循環論と言えるような説明がなされるが、本章ではむしろ、「なぜ・どのように息子と暴力が結びつくのか」と問いを立て、その結びつきが「自然」に、つまり、「そういうことがあってもおかしくない」と見える際の、暗黙の前提となっている男性像を検討してきた。

ところで、息子による母への暴力という本章の主題からは、派生的に次の問いが浮かび上がるだろう。一つは、母に暴力を行使せず、むしろ甲斐甲斐しく世話をする息子とはどのような存在か、という問いである。もう一つは、息子による虐待の被害者の多くが母親なら、被介護者が父親の場合はどうなのか、という問いである。本章では最後にこのふたつについて、私自身が行ったフィールドワークをもとに考えてみたい。

母の「あきらめ」――性別分業構造に保障される「完璧な息子」の支配権

まず、母親を甲斐甲斐しく世話する息子がどのように見られるかについては、息子が親の介護役割以外の役割をもっているかどうかによって異なる。母親をどんなに熱心に介護していても、息子の就労状況が不安定だったり、結婚していなかったりすれば、彼らは必ずしも周囲から好意的に見られない。私がインタビューした独身の息子のなかにも、母親の世話をするためにフルタイムからパートタイムの仕事に変えた途端、近所の人々から「もっとちゃんとお勤めして、お嫁さんでももらって、お母さん安心させないと」と、親不孝のように言われた経験をもつ男性がいた。

対照的に、妻子がいて、仕事も必死に両立させながら、母親の介護も決しておろそかにしない息子たちは、「完璧な息子」として賞賛される(12)。仕事をして独立した生活を送っている彼らは、その上さらに、家族におけるケア労働も積極的に担っている。親の介護を妻に任せてしまう男性も少なくないなか、彼らは良い意味で「男らしく」ないがゆえに、稀有な男性として好意的な評価を得る。彼ら自身も周囲の好評を自覚しており、介護の苦労を語る際にも自信に満ちた様子でいることが少なくない。

だが、「完璧な息子」は、さきの依存的な息子と同じか、もしくはそれ以上に注意を要する存在である。なぜなら、ひとたび彼らが「完璧な息子」と認知されれば、彼らの介護のしかたが批判を受けることはほぼないからである。その意味で彼らは、要介護状態の母親の生活に対して、誰からも侵されることのない支配権を有することになる。

「完璧な息子」のなかには、母親の健康状態を出来る限り維持向上させることを目標に掲げている息子が少なくない(13)。インタビューのなかで、母親の脚力の強化や認知機能の維持のための、自前のトレーニング方法を披露してくれる息子介護者たちもいた。ときに「厳しすぎるのでは」とも思える態度で母親を鍛えようとする息子の介護を、母親が本当に望んでいるのかどうかは不明である。だが、「完璧な息子」として、彼らは自分のやり方に自信を抱いているし、周囲の人々の多くも、それを母親への気遣いとして好意的に解釈する(14)。

フィールドワークで出会った「完璧な息子」の母親は、その多くが素直で落ち着いた様子だった。この息子たちを紹介してくれた専門職の方たちは、なぜ母親がそうなのかについて「息子さんに大事にしてもらえて、きっと嬉しいんでしょう」と語っていた。だが、わたし自身が母親たちから受けた率直な印象は、むしろ「あきらめ」だった。

前にも触れたように、彼女たちの息子は周囲から賞賛を受け、彼女たちの生活に対する息子の支配権を脅かす者は、ほぼ皆無である。彼女たちが息子の支配に抵抗してみたところで、「完璧な息子」の前では「息子さんを困らせているおばあちゃん」として周りから見なされ、自分の方がなだめられてしまう可能性が高い。現在よりもずっと苛烈な性差別の時代を生き抜いてきた高齢の彼女たちは、庇護者として君臨する／しようとする男性たちの前ではどうするのが得策か、身に染みてわかっているはずである。だから、彼女たちは「完璧な息子」にどこまでも付き合うことを、諦観とともに選んだのではないだろうか。わたしが彼女たちから感じた「あきらめ」とは、そういうことである。

「完璧な息子」による介護は、ＩＰＶの類型のひとつである「テロリズム」と紙一重である。「テロリズム」が圧倒的強者による人格的支配だとすれば、母親の生活に対して誰からも侵されることのない支配権を有する息子は、その母親に対して、暴力なき「テロリズム」を実践しているとも言える。実際、ＩＰＶを類型化したジョンソンも、「テロリズム」を行う男性の暴力の行使頻度は、常に多いわけではない、と指摘する（Johnson 1995）。むしろ暴力は、彼らの支配が揺らぎそうになったときの修復手段として行使される。逆に言えば、強者としての地位が安定している限り、彼らの支配に暴力は必ずしも重要でないのである。

母親を必死に介護している息子たちからすれば、自分の行為を「テロリズム」と並びたてられることは不快であるだろう。わたし自身の意図も、そうした息子介護を批判することにあるわけではない。だが、ケア労働を「女性のしごと」と位置付ける構造のもとで、その「女性のしごと」を積極的に担うことが、本人の意図とは関係なく、ケアされる相手に対して絶大な支配権をもつことにつながることは、事実である。そしてそれは、母親の生活を支えようとする優しい息子たちにとってこそ、知っておくべき事実ではないだろうか。なぜなら、親思いの彼らにとって、自分の権力で親を射すくませてしまうことは、不本意であるに違いないからである。

「落差」の少ない男親の老い――穏やかな息子・父関係

もうひとつの問い、被介護者が父親の場合についてはどうか。

母親に対して暴力を振るう息子の姿が「自然」に見えることの前提にあったのが、息子による母への依存と受動性だったが、息子と父のあいだにはこれは当てはまらない。父親もまた男性であり、息子も父も家族のなかでは関係調整を（女性に）依存するしかない存在だからである。このペアは、お互いに関係調整のできない者から成っており、その意味では最初から破綻しているようにすら見える。

だが、現実の息子介護に目を向けてみると、少なくともわたしのフィールドワークでは、父を介護する息子は、母を介護している息子よりも親との関係が穏やかであるケースが目立つ。もっとも母を介護しているケースの方が圧倒的に多く、それゆえに関係性のばらつきも大きいため、現実の息子・母ペアの場合には「一概に言えない」ことが非常に多いという側面もある。だが、それを割り引いても、息子と父の関係性は全体的に穏やかな方に偏っており、ばらつきも少ない。「介護を通して父という人間がよく分かった」と、親の人格を受け容れ、絆を結び直した経験も、父親を介護している息子から聞くことが多い。昔は厳格で近寄りがたい存在だった父が、要介護状態になって愛嬌が出てきてからはずっと話しかけやすくなった、と心理的距離を縮めている息子もいた。

親の老いについての語り方も、親の性別によってしばしば異なる。母親については、「昔はあんなに家のなかのことをきちんとできていたのに」と「いかに出来なくなったか」が語られるのに対して、父親の場合、「今はこんなだが、現役時代は……」と、かつての仕事上の業績や地域での活躍などに触れ、「元はいかに出来る人間だったか」が説明される。あれこれができなくなっていく母親に対して落胆や苛立ちを感じている様子を見せる息子がいる一方で、老いた父親への語りは憐憫や同情に満ちていることが多い。

私は以前、息子による親の老いの受け止め方が、母と父でなぜ差が生じるのかを、老いにともなうケア能力の落差の違いという点から考えたことがある（平山 2014：178-183）。家族のケア役割を担っていた母親が、要介護状態になってケアされる側にまわるのは大きな変化である。対照的に、家の中ではずっと（母親に）ケアしてもらう存在だった父親の場合、介護を受ける姿はある意味ではこれまでと連続している。また、子どもたちを温かく気遣うようなケアリングな存在だった母親が、世話する自分に対してねぎらいの言葉をかけるどころか、認知症のせいで反抗的な態度まで見せるようになるのは、これもまた大きな変化だが、一般的にそれほど感情をオープンにせず、母親と違って「ありがとう」「ごめんね」などもほとんど言うことがなかった父親の場合、言葉でも態度でも謝意を示さなかったり憮然としていたりする姿は、(介護する側にとってはもちろん気持ちよくはないものの)なじみのある姿である(実際、「親父が『ありがとう、ありがとう』って、にこにこして頭下げたりしたら、それこそびっくりしちゃいますよ」と明言する息子がいた)。家族における姿において、要介護状態になって落差が大きいのは母親の方であり、特に、息子がケアする存在としての母を期待し、そういう母に依存してきた場合には、要介護状態の母を受け容れることは困難になる。

被介護者はいつ「手におえない」存在になるのか——暴力の受けとめ方におけるジェンダー

だが、息子介護者と父親の関係にはなぜ「荒れている」ものが少ないのかについて、わたしは、ひそかに抱いている仮説がある。それは、息子は、母親に比べて父親を抱え込むことが少ないからではないか、という仮説である。言い換えると、息子は父親の介護が困難になった場合、母親の場合よりも早く、自分で介護する以外の方法を懸命に考えだすのではないか、ということである。だからこそ、母を介護する息子に比べて父を介護する息子は少ないし、また、その父との関係性は穏やかなものが多いのではないか、という仮説である。(15)

この仮説に関して示唆的なのが、本章の冒頭でも紹介したトニ・カラサンティによる配偶者介護のジェンダー分析である(Calasanti 2006 : 287-290)。認知症の夫を介護する高齢の妻たち、認知症の妻を介護する高齢の夫たちへのインタビュー調査から、カラサンティは、妻たちに比べてずっと多くの夫たちが、被介護者である配偶者の行動症状によって怪我を負っているケースが多いことを報告する。「夫に介護されている妻は暴力的になっていくということなのだろうか」という読者の安易な解釈に対して、カラサンティは詳細な聞き取りをもとに、このジェンダー差は、家族からの暴力の受け止め方の違いによるものだと結論する。

カラサンティによれば、妻たちは、認知症の夫の暴力的な行動症状がひどくなってきた場合に、外部に助けを求めたり、一時的に施設に預けたりするなど、身を守る方法を真剣に探す傾向が強い。だからこそ、夫から怪我を負わされている妻が少なくなる。高齢の妻たちがそうするのは、女性たちは自分が弱者であることを認めており、男性が暴れ出したら、自分はひとたまりもないことを知っているからである。妻たちはインタビューのなかで、これまでの人生、いかに男性の暴力にさらされ恐怖してきたかを語ったとカラサンティは報告する。

対照的に、夫たちは、妻の行動症状がひどくなっても自分の力だけで抑えようとするし、実際にそれが可能だと考えている。だが、夫は高齢なので、自分が考えているほどには暴れる妻を押さえつけられることはできない。そのため、カラサンティの前には怪我を負っている夫が何人も現れるのである。つまり、自分の力で抑えられるという夫の認識は、現実的ではない。夫自身も自分が高齢であることをわかっているのに、にもかかわらず「自分は抵抗する妻を押さえつけられる」と信じているのはなぜだろうか。カラサンティの答えは「相手が女だから」というものである。ここには、自分の状態（実際にどのくらいの力があるか）を棚上げにし、少なくとも肉体的な力においては、自分たちは女性を統御できるし、統御すべきだと考える、男性たちの志向が反映されている。

カラサンティは配偶者の介護について分析しているが、ジェンダー関係についての彼女の発見は、息子による親の介護にも当てはまるのではないか。相手が女性（母親）の場合には、その女性（母親）がいかに攻撃的で反抗的になっていても、男性（息子）は立ち向かわなければいけないし、立ち向かえば抑え込める、と考えている。だが、相手が男性（父親）の場合には、少なくとも女性（母親）相手の場合に比べれば、自分の力で抑え込む必要性も、抑え込める可能性も、感じられないのではないか。言い換えれば、「手におえない」父への介護を「手におえない」と現実に即して認知し、「手におえない」なりの行動（例えば手放すなど）をとることが、比較的抵抗なくできるようになるのではないだろうか。介護する息子と介護される父の関係には、母親との関係に比べて穏やかなものが多かったのは、老いた父との関係は良好なものになりやすいから、ではない。むしろそれは、荒れそうな関係があらかじめ淘汰されていたからだ、というのが、この仮説である。

男性性と暴力の結びつき、その自然性を剥ぎ取る意義

息子による虐待の原因として語られる男性性と暴力の結びつきは、決して「自然」な結びつきではない。本章で検討してきたように、両者の結びつきが「自然」に見えるのは、私的領域における、男性の依存と受動性を前提としているからである。

さらに言えば、その非・自然性は、男性の暴力の「見え方」だけでなく、実際の暴力の行使においても言えるかもしれない。男性が本当に「自然」に暴力を振るってしまいやすいのだとしたら、彼らは家族の誰に対しても同じように暴力を振るうことになる。だが、父との関係についてのさきの仮説が正しいとすれば、息子＝男性は選択的に暴力を行使している。「手におえない」となっても母親のことは抱え込み、その言動に対して「思わず手を上げてしまう」一方で、父親の場合は「手におえない」と思った段階で、自分から引き離す。親の性別によるこの違いが単なる仮説でないとしたら、母親に偏って行使される男性の暴力は、少しも「自然」ではない。

このように書けば、早い段階で母親を自分から引き離した息子や、父親を抱え込んで「思わず手を上げてしま」い続ける息子の例を挙げて、直ちに反論が返ってくることが予想される。だが、性差に関するどのような言説も、必ず例外を含みうる。それは、「科学的に実証された」性差においても同様である。ほとんどの場合、「科学的な実証」とは統計的検定にもとづくものだが、これについて少しでも学んだことのある者なら知っているように、統計的検定によって「実証」された差とは、確率論的な差のことである。ある集団における平均値が、その集団のメンバーに均一に当てはまる値ではないように、「科学的に実証された」性差も、すべての男女に同じように言えることではない。

にもかかわらず、性差に関する特定の言説だけが、まるですべての男女に当てはまるかのように「事実」として流通するのはなぜか。それは単に、その言説を「事実」としておくことが「都合が良いから」に過ぎない。その言説は「真実」を表現した結果ではない。むしろ、それは、その言説に当てはまらない現実を斥けるためにこそ機能する。

だとすれば、男性性と暴力の結びつきを「自然」とし、「男性というのはふつう暴力的なものである」という言説を「事実」としておくことで、都合がよいのは誰だろうか、と問うこともできる。それが「事実」であるならば、その「自然」を前提として――ということはそれ自体を変えようとすることのないまま――何らかの対策を講じるしかないことになるだろう。母親は、息子に「思わず手を上げ」られてしまうことをひたすら怖れ、避けるしかないし、母親に「思わず手を上げてしまう」息子は、「自然」と暴力を振るってしまう男性としての自分を、ただ呪い続けるか、それに開き直るしかない。

だからこそ、男性性と暴力の結びつきは脱自然化されなければいけない。それゆえに本章では、男性性における自立の局所性と、誰もが気付いていながらも男性性の文脈では語られることのほとんどなかった依存と受動性に焦点を当て、男性性と暴力の結びつきの、その見かけの自然性を剥ぎ取ることを試みた。それは、概念を弄ぶだけの「机上の空論」ではない。それはむしろ、息子たちが虐待関係に陥ることを「どうしようもないこと」と諦めないために必要な、実践的な営為なのである。

注

(1) 本作のクライマックスは、すべてのエイリアンの母＝クイーンと、エレンとの戦いである。「娘」であるニュートを守ろうとするエレンによって、自分の子どもたち（＝卵）を焼き尽くされたクイーンは、仇である彼女を追い、戦いを挑む。エレンとクイーンの殺し合いは、ここでもまた「母性」の衝突として解釈される。彼女たちの暴力は「女らしさ」からの逸脱ではなく、むしろ「女らしさ」の表出とされるのである。

(2) 同様に、エレン・リプリーの暴力の行使を「女らしさ」の象徴として見ることが可能になったのは、「女性／母はふつう、子を命がけで守るものだ」という前提である。その目的が子どもの保護である場合、女性の攻撃性は社会的承認を受けやすい（Calasanti 2010）。

(3) これについては「ドメスティック・バイオレンス（domestic violence：ＤＶ）」という用語を用いる方が一般的だが、ここではＩＰＶという用語を用いる。ＩＰＶとＤＶの区別については後述する。

(4) ジョンソンの論文では、その刊行時期によって「テロリズム」と「状況的暴力」の名称が変わるのだが、本章では彼の二〇〇五年の論文における用語を用いる。

(5) なお、ジョンソンはＩＰＶのもう一つの類型として「暴力的抵抗（violent resistance）」にも言及している（Johnson 2005）。この抵抗は「テロリズム」に対する暴力的な抵抗である。ところで、「テロリズム」を行使するのは男性が圧倒的に多いという事実を踏まえれば、「暴力的抵抗」を行うのは女性に偏るはずである。ここにおいて、ＩＰＶに関する調査を実施する上で、その内実（どのようなＩＰＶか）を区別しないために生じうる問題がもう一つ指摘できる。「暴力的抵抗」も「テロリズム」も同じＩＰＶとしてひとまとめにしてしまえば、ＩＰＶの行使主体に女性が占める割合は増加し、女性と男性の暴力性にはそれほど差がないことを「証明」することが可能になる。

(6) ジョンソンは、ＤＶへの社会的関心が高まるにつれ、ＩＰＶに関する研究知見が（研究者だけでなく）一般的に注目される一方で、ＩＰＶに関する知見——そこには当然「状況的暴力」に関する知見も含まれる——が、何もかもＤＶに当てはまるかのように誤って扱われ始めていることを問題としている

(Johnson 2005)。

（7）私的領域においては「依存し放題」でありながら、公的領域では自立した個人を装うという男性たちの欺瞞はほとんど誰でも知っているものの、建前上それは覆い隠さなければいけないがために、私的領域が公的領域に流出してくることを全力で食い止める必要が生じる。仕事にプライベートを持ち込むな、という「社会人のルール」は、このような欺瞞を覆い隠したい者にとってこそメリットがある。

（8）ただし、メイソンが指摘していたように、関係を維持するための活動を、例えば愛情や共感のような特定の（ポジティブな）感情に関連付ける必要はない。他人の嗜好や心身の状態を慮るという他者への理解は、愛情のような感情がなくても可能だし、むしろ、理解の際に行われているのは、しばしば感情と対置されるような観察や推論といった理知的な活動である。詳しくは第一章を参照のこと。

（9）女性が取り持っているのは、必ずしも家族のなかの関係だけではない。例えば、育児というケア労働を通じて、自分たち親子と地域の人々、学校関係者のあいだを繋ぐように、家族と家族の外の社会関係を維持・調整する役割を（私的に）担っている場合もある（天田 2015）。

（10）第四章でも触れたように、心理学における男性性研究を牽引してきたロナルド・ルヴァントは、感情をことばにできない「失感情言語化症（alexithymia）」を「男らしさの病」とする（Levant 1992）。感情は、それが言語化されることによって初めて、その感情として経験される。言語能力の向上には訓練が必要なのだから、感情をいかに言語化するかについても、やはり訓練が必要である。だが、感情を怖れ、感情を抑制してきた男性は、感情を言語化する訓練の機会を失ってきたのである。だとすれば、「失感情言語化症」という名称は正確ではない。なぜなら、彼らは感情をあらわす言語を「失った」のではなく、実際には「まだ獲得していない」からである。

（11）さらに付け加えるとすれば、この前提に当てはまる息子＝男性がまったくいない、ということでもない。「火のないところに煙は立たない」のであるし、また、前提に沿って行動する息子＝男性も必ずいるからである。

（12）これはあくまで、その息子のケアが十分であると周囲が認めた場合に限る。もしそれが不十分と認識されれば、「仕事をしながら男の人が介護なんて無理」と、彼らの介護能力と介護の継続可能性が疑問視され、男性のあるべき姿、すなわち公的領域における自立を優先させるため、仕事の方に専念するよう勧められる。同時にこれは、家族におけるケア労働を別の誰か——おそらくは彼らの妻か姉妹といった女性の家族——に委ねること、すなわち私的領域における依存を勧められている、とも言えるだろう。

(13) なかには、母親のケア能力を維持させようとしていると考えられる息子もいた。その息子が自分自身の達成としてわたしに誇らしげに語ったのは、母親がデイサービスで他の利用者の面倒をよく看ている(=他者をケアする能力が残っている)、と施設の職員から報告を受けたときの経験だった(平山 2012b)。

(14) ここで「周囲の人々の多く」と書いたのは、必ずしも全員がそうではないからである。少なくとも私のこれまでの調査では、息子の「愛の鞭」に対して真っ向から批判しているのは、たいてい彼らの姉妹である。だが、自分のやり方に自信を抱いている息子が、彼女たちの批判を受け容れることはほとんどない。むしろ、「ときどき来るだけの、親の状態を正確に知らない者の不合理な言い分」として斥けている息子の方が多い。対照的に、兄弟が異を唱えるケースはほとんど見られない。それどころか、「完璧な息子」に兄弟と姉妹の両方がいる場合、息子は兄弟と「あいつ(姉妹)はおふくろを甘やかしてだめにする」と意見を一致させ、共同戦線をはって姉妹を排除しているというケースが複数あった。

(15) この仮説を最初に私に示唆したのは、上野千鶴子さんである(二〇一三年二月のＷＡＮ上野ゼミにおいて)。記して感謝したい。

終　章　息子介護研究が照らし出すもの
——男性学は何を見落としてきたのか

解釈資源としての「息子性」

本書は、高齢の親を介護する男性＝息子介護者の経験に焦点を当て、男性が「息子であること」とはどのようなものかを検討してきた。家族介護のミクロのプロセスを取り上げた過去の研究が明らかにしてきたように、介護経験は、担い手と受け手の関係性、すなわち続柄によって、その内実は大いに異なる。当たり前のことを言うようだが、男性は息子としてしか親の介護に携わることはできない。したがって、息子介護者の経験は、確かに一部の男性の経験（あるいは男性の経験の一部）にしか過ぎないものの、息子介護者ほど「息子であること」から逃れられない男性はいない、とも言えるだろう。

序章でも述べた通り、本書の主題は「息子性（*son-hood*）」である。もちろん、このような単語は日本語にも英語にも存在しない。「父親であること」とはどのようなことか・どのようにあるべきかを記述し説明するために用いられる *fatherhood* に対応させた造語であり、端的に言えば、息子としての男性に関連付けられる男性性と言って良い。

本書の各章では、この「息子性」を検討してきた。すなわち、過去の研究知見やわたし自身の調査にもとづいて、息子による高齢の親への関わり方やケアのしかたにおいて幅広く見られる事象を取り上げ、それが何によって・どのように成り立っているかを考えてきた。具体的に取り上げたのは、親へのケアを最低限に留めようとする傾向（第二章）や、介護場面において息子が親に「思わず手を上げてしまう」こと（第五章）などである。

誤解のないように述べておくと、「『息子性』がこれらの事象を成り立たせている」と言っても、それは「『息子性』がこれらの事象の『原因』になっている」という意味ではない。たしかに男性性は、しばしば男性の社会的行動の「原因」のように扱われることがある。そこでは男性性は、男性の社会的行動を方向付ける規範のように見なされる。つまり、「男性とはふつうこういうものである」という男性性に従って、男性たちは自身の振る舞いを規律する、ということだ。その結果として、男性の多くに何らかの共通した行動傾向が観察されるようになる、という意味での「原因」である。

だが、「息子性」を、本書で取り上げた息子介護をめぐる事象の「原因」として扱えば、矛盾が生じる。例えば、息子による親への虐待について考えてみればよい。「息子性」がこの「原因」だとすれば、男性は「息子とはふつうこういうものである」という観念に従って行動するがゆえに、息子による虐待が増える、ということになる。言い換えれば男性は、息子らしくあろうとして——その意味では積極的に——虐待者になる、ということになってしまう。これがおかしいことは直感的に明らかだろう。

かわって本書が分析してきたのは、息子による親への関わり方・ケアのしかたを理解し説明する際に用いられる資源としての「息子性」である。例えば、息子たちが「親の心身の機能の衰えを防ぐため」と言って親へのケアを制限するとき、そして、彼らのそうしたケアが「親の自立の維持という志向のもとで為されているのだ」と研究者によって説明されるとき、そこで前提とされている「息子による親の老いに対する見方」とはどのようなものだろうか。また、親の介護場面で「思わず」暴力的になってしまう息子が「自然」に見えるとしたら、そこで自明とされている息子＝男性像とはどのようなものなのだろうか。本書が検討してきたのは、息子介護をめぐる事象をそのようなものとして理解し説明するために用いられている前提の数々である。「息子性」がそれらの事象を成り立たせている、というのは、そのような意味においてである。

弱者が弱者のまま存在することの否定

本書の分析を通して示唆された「息子性」の一つは、弱者を弱者のまま受け容れることへの否定である。例えば、第二章で検討した息子に特徴的に見られるケアから明らかになったのは、老いゆく親の自律能力が失われ、自立して生活することができなくなることへの抵抗であった。息子たちのこうしたケアは、高齢の親を自分と対等な存在に留め置き、自身に従属させないための試みとして、一部の論者からは肯定的に受け止められている（例えば Matthews 2002）。だが、対等性の確保という見かけの他者尊重に反して、ここで前提となっているのは、弱者への侵略的な眼差しである。自分自身と対等な存在と見なすことによって相手を従属的位置に置かないように試みることは、裏を返せば、自分とは対等でない弱者を支配的に扱わずにはいられない、ということを意味している。また、そもそも身体的・認知的機能の低下した高齢者を、対等な存在として扱おうとすること自体が暴力の行使となりうることは、第二章で指摘した通りである。つまり、ここで決定的に欠落しているのは、弱者が弱者のまま侵されずに存在することの保障だといえる。

弱者が弱者のまま存在することへの否定は、第三章で取り上げたセルフヘルプ・グループの集団力学のなかにも存在していた。グループから脱退した息子介護者の声が示唆していたのは、参加者たちが「強さの自己呈示」によって繋がっている可能性である。彼らが脱退したのは、彼らの目に映ったその集いの「作法」、すなわち、介護という困難にいかに立ち向かっているか、その成果を披露しあい、それを相互に承認しあうという「作法」の只中に、自身の居場所を見出すことができなかったためである。それというのも彼らは、そのような「強さの自己呈示」をもはや望めないほどに、打ちひしがれていたからである。打ちひしがれた者たちが打ちひしがれた存在のまま傷を舐め合うのではなく、「こんなに大変な困難に自分たちは対峙している」「だから自分たちは弱くはないのだ」と、弱さを否定しなければいけない圧力を感じたがゆえに、彼らはそこを去ったのだった。

念のために付け加えておけば、これは、息子介護者たちが弱者を否定しようという意図をもっている、ということではない。むしろ彼らのケア実践は、親を出来るだけ自立し自律した存在にしようという「善意」によるものだろうし、セルフヘルプ・グループにおける相互承認は、ともに困難を乗り越えていくための支え合いを図るものだろう。だが、彼らのそうした「善意」や、支え合いの企図を成り立たせているのは何か、言い換えれば、何を前提にした場合にそれがそのように行われうるのかを突き詰めていけば、そこに見出されるのは、弱者が弱者のまま存在することへの否定にほかならない。

「男性性＝自立・自律」という欺瞞

「息子性」のもう一つは、私的なもの《プライヴェート》／内なるものへの依存である。これは息子介護を語る上で外すことのできない、虐待問題の検討から見出された男性性である。

要介護状態の親を前にしたとき、なぜ息子は虐待関係に陥りやすいのか。その理由として語られてきたのは、彼らの生活能力・介護能力の不足や、社会関係からの断絶や孤立である。だが第一章で検討したように、これらの理由は息子が虐待者になりやすいことの説明には必ずしもなりえない。ここで浮上したのは、介護する息子が「思わず」暴力的になってしまう姿はなぜ「自然」に見えてしまうのか、という問いである。

男性性と暴力の結びつきはしばしば指摘されているが、その結びつきは普遍的なものではない。第五章で指摘したように、文脈によっては暴力が「女らしさ」の表れとして解釈されることもある。したがって、介護する息子が「思わず」暴力的になる姿が「自然」に見えるのだとすれば、その文脈には、それを「自然」に見せる何らかの前提が埋め込まれているからだと考えられる。

第五章の考察を通して明らかになったのは、私的領域における依存を所与とした男性性である。「依存が男性性の構成要素である」という主張は奇妙に感じられるかもしれない。というのも規範的な男性像とは、「自立し自律した個人」としての男性だと考えられているからだ。だからこそ男性は、とりわけ同性どうしの関係において、弱みを見せたり助けを求めたりすること（＝ヘルプ・シーキング）に躊躇するのだと、自立と自律の志向は男性の社会的行動を説明するためにもしばしば用いられてきた（Addis & Mahalik 2003）。

だが、序章でも触れたように、「自立し自律した個人」とは虚構《フィクション》に過ぎない。わたしたちは自分以外のものから提供される何かを常に必要としているし、その意味では、何にも依存せずに生存すること（＝「まったき自立」）はありえない。したがって、「自立し自律した（と思われている）個人」もまた、必ず何らかの依存のもとで生きている。だとすれば、「自立し自律した（と思われている）個人」とは、その個人が常に既に行っている何らかの依存を「なかったこと」にすることによって可能になっている。その意味で、「自立し自律した個人」とは欺瞞的な存在である。

では、男らしさの名のもとに志向されている「自立し自律した男性像」において「なかったこと」にされている依存とは何か。それが、私的領域における依存である。

「男らしい」男性とは、家庭という私的領域において、自身も含めた家族のあいだの関係調整――天田城介が言うところの「社会関係のメンテナンス」というケア労働（天田 2015）――を女性に委ね依存する、受動的な存在として前提されている。さらにいえば男性は、最も私的なものとされる感情に対しても、受動的で依存的な存在として前提されている。男性性は感情の抑制としばしば結び付けられるが（Levant 1992）、それは、感情を起こさないことまでが自身のコントロールの及ぶ範囲だと前提しているからであり、言い換えれば、起こってしまった感情に対しては自身のコントロールが効かないことを前提にしているからである。その意味で、男性は感情に対しても「されるがまま」の依存的な存在として構成されている。

男性に求められ、男性が求める「自立し自律した男性像」というのは、公的領域における（男性どうしの）社会関係において（のみ）自立的・自律的に振る舞う男性であり、私的なもの《プライヴェート》／内なるものへの依存はその自立・自律には抵触しない。私的領域における、あるいは私的領域に対する依存を不可欠なものとしながら、同時にそれを「なかったこと」にする、という欺瞞的な操作によって、男性性は完成する。だからこそ、公的領域と私的領域は厳然と区別されていなければならないのである。

介護の場面で「思わず」暴力的になってしまう息子――とりわけ要介護状態の母親を虐待する息子――を「自然に」見せるための前提とは、この私的なもの《プライヴェート》／内なるものへの依存と受動性である。心身の機能の低下によって、母親が関係調整役としての機能を果たせなくなり、それによる混乱やままならなさに突き動かされて、母親を攻撃してしまう息子。それが理解可能になるのは、男性が家庭において社会関係を調整・管理してもらわなければいけない存在であり、また、生じた感情に

「されるがまま」の存在であることを自明としているからこそである。虐待する息子への見方・語られ方を手掛かりにした「息子性」の分析から示されたのは、常に既に行われている依存を「なかったこと」にしながら自立と自律を志向するという、矛盾と欺瞞に満ちた男性性のありようだった。

消去されるケア負担、隠蔽されるジェンダー不均衡

依存を不可欠としながらも、それを「なかったこと」にする欺瞞的な「自立」「自律」の概念は、「他者から独立した自律的な主体」が虚構であることを覆い隠すだけにとどまらない。それらの概念は、ケア労働のジェンダー不平等分配を不可視化する効果もある。

前述の通り、関係調整というケア労働への男性の依存は、「自立と自律のフィクション」のもとで「なかったこと」にされる。だが、こうしたケア労働は、家庭《ホーム》という私的領域が維持存続するために不可欠であるとともに、それがなければ家事・育児・介護などの具体的な作業が十分に機能しないという意味で、ケア労働の基盤＝「お膳立て」となるものである（天田 2015）。そして、他のケア労働と同様、この「お膳立て」を担う／担わされているのもまた、多くの場合、女性である。

だが、「自立と自律のフィクション」は、そこでの「自立／自律」がこの「お膳立て」の上に成り立っているという事実を消去してしまう。言い換えれば、そのようなケア労働はそもそも行われていなかったかのようにして現実が構成されてしまう。実際、関係調整のような「お膳立て」のケア労働はジェンダー平等が最もなされにくいが（天田 2015）、それというのも「自立と自律のフィ

クション」の事実性が保たれている限り、「お膳立て」は「存在しない」（ことになっている）からである。「存在しない」ケア労働の再分配が図られることは決してないだろう。

念のために付け加えると、「お膳立て」のケア労働を担おうとしないのは、家事や介護における目に見えるタスクとしてのケア労働を積極的に担う男性にも、当てはまりうる。第二章で取り上げた親のケアに携わる息子と、彼らを取り巻く女性たちの関係を思い起こせば、それが直ちにわかるだろう。息子たちのタスクの遂行が、親にとってケアとして機能していたのは、姉妹をはじめとする女性たちの「お膳立て」があったからこそだった。さらに言えば姉妹たちは、この「お膳立て」がまるでなされていないかのように配慮する、という二重の「お膳立て」を行っていた。親のケアを「自分独りでできている」と息子たちが信じて疑わないのは、この二重の「お膳立て」があるからである。だが、自律的なケア提供者としての息子のこうした虚構性は、サラ・マシューズのような詳細なケア・プロセスの分析者によって問われることはなく、姉妹たちが担うケア労働（＝「お膳立て」）の負担は、そこでも依然として不可視化され続けていた。

男性学における「自立／自律」の問題化

既存の男性学のなかに欠落しているのは、「自立と自律のフィクション」に対するこうした批判的検討ではないだろうか。つまり、男性に求められ、男性が求めるという『『自立』し『自律』した男性像」のもとで何が「なかったこと」にされ、それが、非対称で不平等なジェンダー関係をどのように維持しているか、という検討である。というのも男性学のなかで「自立」と「自律」への志向や称揚は、男性のライフコースの多様化を妨げる要因や、男性間の不平等のメカニズム、つまり、「なぜ男性は生きづらいのか」の説明としてばかり取り上げられる傾向があるからである。

男性学者の田中俊之は、コンネル（R. W. Connell）の男性性理論に依拠しながら、男性の働き方やセクシュアリティを分析し、現代の日本においては「フルタイム労働に従事しながら妻子を養う男性像」が依然として「覇権的男性性（hegemonic masculinity）」となっている、と結論する（田中 2009：157–158）。男性性の形態が複数ありうることを指摘したコンネルの理論において「覇権的男性性」とは、その社会のその時代における最も支配的で主導的な「男らしさ」の形態のことである。コンネルによれば、その「覇権的男性性」を前提に、それを志向しながら男性と女性が行う日々の実践によって、非対称で不平等なジェンダー関係が再生産される。

だが、特定の形態の男性性が「覇権的」であるためには、その優位性を示し正当化する、それより劣位の男性性＝「従属的男性性（subordinated masculinity）」が必要である。田中によれば、現代の日本の「従属的男性性」の一つが「働かない／働けない男性」であり、その具現化が「親元から離れない／離れられない無職の男性」である。このような男性が問題化されることによって、つまり「望ましくない」男性のあり方＝「従属的男性性」として位置付けられることによって、それとは対照的な「フルタイム労働に従事しながら妻子を養う男性像」が、最も支配的で主導的な「男らしさ」としての位置を占めることになる。しかし、「働かない／働けない」ことばかりを問題化する男性性間の階層秩序と、それを前提とした社会構造のもとでは、例えば、全人格的に企業へ献身することが「普通」となっている男性の働き方そのものの問題が後景化してしまったり、そのような働き方の結果、男性の多くが私的領域に居場所をなくすなどの困難が生じたりする、と田中は指摘する。

田中の研究は、男性性の複数性と階層性という観点から日本の男性問題を分節化する優れた分析となっている一方で、そうした男性性の構築によって非対称で不平等なジェンダー関係がいかに維持されているかについては、ほとんど説明がなされない。それは、田中の男性性研究においてもまた、「自立と自律のフィクション」の批判的検討、すなわち、そうして形成された男性性の階層秩序のもと、どのような依存が「なかったこと」にされているのか、という視点が周縁化されているためではないだろうか。

田中は、「フルタイム労働に従事しながら妻子を養う男性像」という「覇権的男性性」によって成り立つ構造のもとでは、「自立」が経済的自立と同義にされることを指摘する（田中 2009：83-84）。しかし田中は、「覇権的男性性」のもとでの「自立」概念によって、男性がどのような不利益（disadvantage）を被っているか（例えば私的領域における居場所をいかに失っているか、など）を詳細に分析する一方、「自立」がそのように概念化されることによって、男性が女性に対してどのように優位に立つのかについてはほとんど語らない。ちなみに、田中がこれについて語らないことへの指摘は、単なる「ないものねだり」ではない。なぜなら、田中が依拠するコンネルの男性性理論の主眼は、男性性の階層秩序それ自体を分析することを通して、男性優位のジェンダー関係がどのように再生産されているかを説明することだからである（Connell 2005）。

したがって、コンネル理論に依拠しながら「フルタイム労働に従事しながら妻子を養う男性像」という「覇権的男性性」の成立を明らかにした田中の分析に欠けているのは、例えば次のようなジェンダー関係の分節化だろう。

経済的自立を果たしている男性であっても、彼らは、彼らの家庭《ホーム》の維持に必要な関係調整――キン・キーピング（kin-keeping）のような、女性が担っている「見えにくい」ケア労働――に、往々にして依存している。だが、経済的自立という限定的な自立が「まったき自立」のように解釈されれば、経済的自立を果たした男性は、その「まったき自立」のイメージによって「独力で生存している個人」であるかのように「誤認」される。そのため、実は彼らが依存している関係調整というケア労働の存在は、かき消される。「存在しない」ケア労働は問題にすらされないので、家族という社会関係がそうしたケア労働によって成立・維持しているという事実も、また、そのケア労働を担う／担わされているのが主として女性であるという事実も、消去されてしまう。こうして、ジェンダー不平等なケア労働の配分は維持され続けるのである。

「関係的自立」が覆い隠すもの

実は田中自身も、「フルタイム労働に従事しながら妻子を養う男性像」という「自立」した男性が、私的領域における関係調整のようなケア労働に依存していることを認めている。例えば田中は、定年退職後の男性たちが、社会生活において妻に頼り切りにならざるをえない問題を指摘している（田中 2009：104-107）。職業生活を送る公的領域においてフルタイム労働に従事していた頃、男性たちは「『自立』した個人」を装うことができていた。だが、その公的領域に居場所を失った後、彼らに残ったのは私的領域における依存――「自立」の装いによってこれまで「なかったこと」にしていた依存――だけである。その意味で、彼らは妻に頼り切りに「なった」のではない。元々「なかったこと」にしていた依存が、剥き出しになってしまっただけだといえる。

ここから田中は、「家庭領域を自分の居場所にしていきたいのであれば、『「夫婦である」ことに安住して「夫婦関係を築く」ことを忘れている日本の夫たち』という指摘に耳を傾けるべき」（田中 2009：106）と述べる。夫婦という関係は決して所与ではないこと、それは関係調整のようなケア労働によって維持された結果としてもたらされることを指摘した上で、夫婦関係の維持に必要な関係調整にもっと夫も取り組むべきであることを田中は勧めているのである。

だが他方で、田中のこうした「処方箋」は、彼の関心が非対称で不平等なジェンダー関係の分析にはないことを露呈させる。田中は、「『もたれ合い』ではなく『支え合い』」（田中 2009：107）を勧め、つまり、男性も配偶者との関係のメンテナンスに積極的に関わることで（言い換えれば妻に頼り切りにならないことで）老後の男性問題が解決されるかのように議論している。だが、私的領域における関係調整は、夫婦関係においてのみ行われているわけではない。子どもとの関係、その他親族との関係等、社会関係のすべてにおいてそれは必要なのであり、また、そういう社会関係のメンテナンスを女性が不均衡なほど多く担ってきた／担わされてきたこと。そして、それが不可視化されたまま、不可視化されているがゆえに、男性がそれに「ただ乗り」できたこと。それが、私的領域での男性の依存をめぐるジェンダー問題の核心にある。

もちろん、夫婦関係において妻に頼り切りにならない夫は、妻にとって、そうでない夫よりは「まし」かもしれない。だが、夫婦関係における関係調整への参与は、少なくともそれだけでは、ケア労働のジェンダー不平等分配の解決にはならない。にもかかわらず、夫婦関係における関係調整での「支え合い」に問題の解決を見る田中の議論は、結局のところ、彼が解決を求める問題が「男性がいかにして居場所をつくるか」という男性の「生きやすさ」に限定されていること、その反面、非対称で不平等なジェンダー関係の解体それ自体にはほとんどないことを、露呈させてしまっている。

夫婦関係における関係調整への男性の参与を、男性の「関係的自立」だと田中が見なしていること（田中 2009：107、傍点引用者）は、実に示唆的である。本書のなかで繰り返し指摘してきたように、「自立」とは、常に何らかの依存を「なかったこと」にすることで成り立っている虚構《フィクション》である。同様に、夫婦関係における関係調整への参与を、私的領域での男性の「自立」と見なすことは、他のさまざまな社会関係における関係調整においても男性が女性に依存しているという事実を曖昧にするために機能する。そうして「関係的自立」という概念は、私的領域においてさえも男性が「自立」の虚構に安住することを保障するのである。

誤解のないように付け加えておけば、「自立と自律のフィクション」への批判的検討は、「なかったこと」にされている依存をすべて探り当て、その一つ一つをしらみ潰しにすることで、「真に『自立し自律した個人』」を完成させるために行われるわけではない。何よりもまず、生（life）を続ける限り他者への依存は不可避だからである。したがって、依存をしらみ潰しにした先の「真に『自立し自律した（と思われている）個人』」は、より巧妙に依存を覆い隠した「傑作としてのフィクション」にほかならないだろう。そしてそれは、ケア労働のジェンダー不平等分配が依然として続く現状において、女性たちが男性のいかなる依存をどれだけ受け容れ（させられ）ているかを、より巧妙に覆い隠す「精緻なフィクション」になるに違いない。

男性が男性性を志向することの意味

しばしば男性性と結び付けられる自立と自律――男性がそうあるべきと強迫されている自立と自律――を「非・依存」として捉え続けている限り、ジェンダーによる不均衡で不平等な社会編成のありようは変わりえないだろう。言い換えれば、「男性性とは『非・依存』のことである」という前提を無批判に置くジェンダーの議論は、そのような前提こそがジェンダー関係の維持に関わっている可能性への検討を封じることで、結局のところ、既存のジェンダー秩序の上塗りになってしまう可能性がある。

わたしが男性学の（と理解されている）論考に疑問を抱くのは、まさにこの点である。つまり、そうした論考の多くが、規範的な男性性からの脱却の必要性・重要性を説く一方で、男性たちによるそのような男性性の志向が男性優位のジェンダー関係に与える効果についての内省的思考が、ほとんどなされていない点である。もちろん、それらの論考は、ほぼ必ず、男性が男性性を志向することの意味についても言及している。例えば、日本における男性学の代表的な論者のひとりである多賀太は、「男らしくあらねば」と自己強迫に陥ることで男性がさらされる身体的・精神的・社会的リスクを男性性のコストとしつつも、そのリスク＝コストからの解放ばかりを求める主張に対しては次のように異議を唱える。

コストからの解放という主張は、その「コスト」が経済力や権力ある地位といった「特権」を得ることの代償であることをしっかりとふまえている場合においてのみ正当性をもつ（多賀 2006：185）。

しかし、この指摘はその後の多賀自身の議論のなかで「しっかりとふまえ」られているようには思えない。多賀のこのような主張が表面的なエクスキューズ以上のものになっていないことは、例えば彼による最近の「男性の『生きづらさ』」の分析（多賀 2016）にもあらわれている。[1]
多賀は、職業地位や稼得能力などの全体傾向で見れば「男性優位社会」であるはずの日本で「生[2]

きづらさ」を訴える男性が増えていることの背景の一つに、男性に対する「役割期待の増大」を挙げる（2016：54-57）。多賀は、男性が旧来の家族役割、すなわち家族の扶養者であることを依然として求められ続けている一方、近年のあるべき男性像には家事や育児などの家庭におけるケア労働を平等に分担することも加わっていることを指摘する。だが、世界にも類を見ないほどの長時間労働が標準となっている日本の就労システムのもとで、この「役割期待」、特に、新たに付け加わった後者の役割を十分に果たすことは難しい。そうした状況下での期待に応えることの不可能性が、男性の「生きづらさ」の一側面をなしている、と多賀は分析する。

さらに多賀は、「役割期待の増大」という男性の「生きづらさ」を生んでいる責任の一端が、女性たちにあることを指摘する。多賀は、国立社会保障・人口問題研究所が行った第五回全国家庭動向調査の結果を引き、有配偶女性の六七・〇％が「夫は、会社の仕事と家庭の用事が重なった時は、会社の仕事を優先すべきだ」という考えに賛成している一方、同じ有配偶女性の八〇・五％が「夫も家事や育児を平等に分担すべきだ」に賛成していることに触れ、「少なくとも有配偶女性全体として見れば、男性に対して、主たる扶養責任を果たしつつ家事・育児は平等に分担するという二重負担を求める傾向が強い」とまとめた上で、次のように結論する。

……女性から男性に対する「仕事も家事・育児も」という期待が、少なくとも精神的に男性たちを追い詰めている側面があるのも事実であろう。……とくに、妻が家事専業で、家族の扶養責任を（夫が）一人で負いながら、家事・育児も妻とより平等にと言われれば、実際の行動はともかく、その負担感は大きいだろう（多賀 2016：56）。

現在の就労システムのもとで、働きながら家事・育児を行うことが困難であることについての多賀の指摘は妥当である（ただし、その両立困難に直面するのが男性だけかどうかは大いに疑わしいが）。他方、多賀の分析において一切触れられていないのは、男性が稼得役割を担い続けること、そして、男性自身がそれを果たそうと志向し続けることの、ジェンダー関係に対する意味や効果である。端的に言えば、男性が家族の扶養者であり続けることは、彼らに扶養され続ける家族が、その生存のために男性に従属し続けることを意味する。例えば、上の引用のなかで多賀が言及する家事専業の妻は、扶養者である夫がいなくなれば直ちに困窮する可能性が高い。事実、日本では、離別や死別によって貧困に陥る女性が非常に多い（大沢 2014：326-327）。そのように考えてみれば、夫婦という単位において、男性が稼得者としての役割に固執することがどのような意味をもつかは明らかである。その固執は、何よりもまず妻を自身に従属させ、その生活に係る資源の供給源を握ることで、妻を支配することへの志向を必然的に意味するのである。稼ぎ手であろうとする夫の意図がたとえ「善意」によるもの（「妻に良い生活をさせたい」）だとしても、経済的資源の利用のしかたを妻が掌握している（＝妻が財布を握っている）としても、妻の生存・生活が夫にかかっている限り、その結果的な意味に違いはない。多賀自身も指摘する「男性優位社会」という文脈において、この点はいくら強調しても強調しすぎることはないし、この点を議論の出発点としない男性学は、ジェンダー関係の批判的検討にはなりえないと考える。

女性たちは男性のみが稼得役割を担うことを期待しているのか

ちなみに、男性を家族の扶養役割に駆り立てる（＝支配者の地位を求め続ける）最たる要因は、女性の期待ではなく男性自身の志向である。例えば、多賀も引用している目黒依子らの調査（二〇〇四年に実施、二五歳から四九歳の男性が対象：目黒・矢澤・岡本 2012）によれば、「男性の自立にとって重要なこと」として「家族を養うことができる」に賛成している男性は七一・二％にのぼる。他方、多賀が女性による男性への「二重負担」の期待の根拠として用いている全国家庭動向調査の方だが、多賀による結果の引用のしかたには腑に落ちない点が多い。まず、多賀は、同調査に回答した有配偶女性全体の平均値のみを提示しているが、公表されている同調査の報告書が強調しているのは、むしろ同じ有配偶女性といっても、就労の有無やその形態によって（言い換えれば、女性自身にどれだけ安定した稼得能力があるかによって）男女の役割に対する賛成の度合いは異なる、という事実である（国立社会保障・人口問題研究所 2015：127）。例えば、多賀が取り上げている項目のうち、「夫は、会社の仕事と家庭の用事が重なった時は、会社の仕事を優先すべきだ」に対して賛成している有配偶女性は、専業主婦が多数を占める「その他」では六九・八％だが、「常勤職」に就いている場合は五七・八％まで下がる。また、「夫も家事や育児を平等に分担すべきだ」は、「常勤職」では八九・一%と九割近くなのに対し、「その他」では七六・七%と開きがある。これらの結果が示唆するのは、夫に対する「仕事も家事・育児も」という期待は、妻の稼得能力に影響されているということである。少なくとも、専業主婦の場合には、「常勤職」の場合と比べて、「家事・育児も」と夫に求める有配偶女性は相対的に少ない。その意味で、先の引用のように、家事専業の妻が、稼得責任を一手に担う夫に対して、就労する妻と同じ程度に家事・育児の分担を求めている現実があるかのような多賀の記述は、誤解を招くものである。

多賀による調査結果の引用のしかたにおいて何より不可解なのは、取り上げる調査項目の選び方である。多賀は、妻が夫に対して依然として稼得役割を求めているエビデンスとして「夫は、会社の仕事と家庭の用事が重なった時は、会社の仕事を優先すべきだ」という項目への回答を取り上げている。しかし、この調査には、「夫こそが稼得者であるべき」という規範意識をより直截に尋ねた項目、すなわち「結婚後は、夫は外で働き、妻は主婦業に専念すべきだ」が含まれている。だが、回答者である有配偶女性のなかで、これに賛成しているのは全体平均でも四割にも満たない。

注目すべきは、専業主婦が多くを占める「その他」の場合でさえ、これに賛成しているのは五九・七%である、ということだ(ちなみに常勤職の賛成割合は一八・九%である)。この項目は、「夫が外で働き」と「妻は主婦業に専念」の両方に同意できない限り「賛成」と回答できない構造になっているため、この項目に「賛成」していない女性が、この両方に反対なのか、あるいは片方のみに反対なのか(例えば「妻は主婦業に専念」には反対だが「夫が外で働き」には賛成という場合など)、この回答だけでは判別しきれないという限界はある。しかし、少なくともこの項目への賛成割合の低さを見れば、「夫婦における稼得役割は男性がまず担うべき」という規範的意識が、有配偶女性のあいだでそれほど共有されているようには思えない。だとすれば、こちらの項目の結果を提示せずに有配偶女性の態度について論じる多賀の分析は適切だろうか。むしろ、女性からの「二重負担」の期待を男性の「生きづらさ」の原因として強調するために、調査が捉えた妻たちの態度を歪めて見せているように思えるのは、わたしだけだろうか。翻って、妻たちの意識を歪めて見せてまで、男性の「生きづらさ」を訴えようとすることは、多賀がこの論考を刊行した目的、「男女ともにより生きやすい社会の構想に向けた生産的な議論の足場づくり」（多賀 2016：199）に適うのだろうか。

稼得役割への強迫を「生きづらさ」と呼ぶことの保守性

多賀は、女性と男性の「生きづらさ」は非対称的である、と述べ、「女性の生きづらさの本質」は、「能力発揮、成功、上昇の機会が奪われたり制限されたりすること、すなわち社会的達成の阻害にある」とし、他方、「男性の生きづらさの本質」は、「能力発揮、成功、上昇へと駆り立てられること、すなわち社会的達成への強迫にある」という（2016：58）。だが、女性と男性によるこれらの経験は、たとえ「非対称的」という留保をつけたとしても、同じ「生きづらさ」として並列して語るべきではない、とわたしは考える。

女性が就労機会や稼得能力を望むのは、多賀が言うような「能力発揮、成功、上昇」「社会的達成」のためでは必ずしもない。女性にとって就労機会や稼得能力が必要なのは、まず何よりも、個人として生存を維持する資源を得るためであろう。前述の通り、性別分業的な構造のもと、妻が夫の稼得能力に頼らざるをえないとき、妻の生殺与奪権は常に夫に握られ、その意味で、妻が個人として生存することは脅かされるからだ。だからこそ、妻自身の就労機会や稼得能力は「能力発揮、成功、上昇」「社会的達成」のためなどではなく、何よりも「生の基盤（the fundamentals for life）」として必要なのである。そして、就労機会や稼得能力が構造的に制限されることは、個人としての生存そのものを困難にさせられることなのだから、これはたしかに〈生きづらさ〉と呼べるものである。(3) だが、男性が自己強迫的に追い求める夫としての稼得役割＝「家族を養うことができること」の方は別である。前述の通り、その志向は本人の意図にかかわらず、結果的には妻の生殺与奪権を握り、支配する志向となることを免れえない。したがって、妻を扶養することを目的とした稼得能力の追求は、妻が自身の個人としての生存・生活のために稼得能力を追求することとは「似て非なるもの」である。

端的に言えば、稼得役割に対する固執と、それを追求するがゆえに男性がさらされる身体的・精神的・社会的リスクは、家庭における支配を維持するための対価である。多賀もまた、これらのリスクを「支配のコスト」と呼んではいるが、多賀のようにこのコストを男性の「生きづらさ」として語る必要は、わたしには感じられない。繰り返しになるが、男性による「一人で家族を養うことができること」の追求は、男性個人の「生の基盤」の確立のために行われるわけではないからである。要するに、「支配のコスト」は「支配のコスト」でしかなく、それを「生きづらさ」と呼ぶ必要はない。むしろ、自身の生存のための稼得能力を求める女性の困難と、他者を扶養＝支配するための稼得役割を求める男性の困難を、同じ「生きづらさ」という語でまとめてしまうことは、それらが「似て非なるもの」であることを隠蔽する効果があるだろう。多賀は、「男女ともそれぞれに『男らしさ』と『女らしさ』に縛られて『生きづらさ』を抱えているという理解のみで終わってしまっては、ジェンダー化された社会構造におけるマクロな権力構造とそこにおける男女の経験の非対称性への目配りを欠いたナイーブな見方に留まっているといわざるをえない」（2016：58）というが、この批判はまさに多賀自身の分析に当てはまる。

もちろん、男性のなかにも、稼得能力が十分でなく、個人としての生存が脅かされている男性がいないわけではない。事実、正規雇用の機会が得られず、不安定な就労状況のまま中年期を迎える男性の数は、二〇〇〇年代から顕著に増え続けている。本書で取り上げた息子介護者のなかにも、自活するだけの経済力を得ることができず、親元で暮らし続けている間に、なし崩し的に親の介護者になってしまった男性が含まれている。「生の基盤」を確立できないという意味においては、彼らが直面している困難は間違いなく〈生きづらさ〉に含まれる。しかし、多賀が、こうした男性たちの現状不満について次のように述べるとき、彼の保守性が露わになる。

より従属的な側に位置づけられた男性たちは、そうした女性たちの（社会的成功や扶養責任の）期待に応えられないばかりか、それによってますます追い詰められる。したがって、そうした男性たちが、女性なら免れうる稼得責任や社会的成功、リーダーシップや弱音を吐かない姿勢などを期待され、それらを果たせなければ女性とのパートナーシップを築きにくい現状に理不尽さを感じることや、男性たちにそうした過酷な期待を向けてくる女性たちに対してその不満をぶつけたくなる気持ちは理解できる（多賀 2016：53）。

ここでもまた、男性に（多賀の言う意味での）「生きづらさ」をもたらすのは、稼得役割を求める女性の期待とされている。だが、前述の通り、女性のすべてが同じようにそのような期待を抱いているわけではない。女性自身に稼得能力がある場合には、そのような期待は緩和されている。だとすれば、「従属的な側に位置づけられた男性たち」が「パートナーシップを築きにくい」のは、むしろ彼ら自身が家庭の主な稼得者（＝妻の扶養者）になることにこだわり続けているからではないか。全国家庭動向調査の結果から推論すれば、自分自身に稼得能力があり、一方的に扶養してもらうつもりのない女性ほど、男性への稼得役割の期待が希薄な者が多いからである(4)。

さきに引用した目黒らの調査データを用いた山田昌弘（2012）の分析がそれを裏づける。山田によれば、年収二〇〇万円未満の男性のうち、配偶者もパートナーもいない単身男性のおよそ七八％が「夫は外で働き、妻は家を守るべきである」に賛成している一方、同じ収入レベルで配偶者・パートナーがいる男性のなかで、それに賛成しているのは四五％と半分に満たない（ちなみに、有配偶率と賛成率のこのような関連は、年収が高い層には見られない）。つまり、少なくとも年収が限られた層においては、自分が一家の稼得者になることにこだわらないでいる男性ほど、パートナーシップを築きやすくなっていることが窺える。

家族の稼得者（＝支配者）であろうとする志向が、パートナーシップを築くことの阻害になっているのだとしたら、男性が「パートナーシップを築きにくい現状」は、自分ではどうにもならない問題では必ずしもない。だとすれば、この「現状」を「生きづらさ」と呼んでしまうことは問題含みである。なぜならそれは、就労機会が奪われ、「生の基盤」そのものが危うくなることと、自分が稼得者となってパートナーシップを築くことが難しいことを並列させ、どちらも同じように「個人ではどうしようもない問題」にすることで、稼得役割への固執という男性個人の支配の志向を不問に付すことになるからである。

最も変わってもらわなければいけない男性にこそ届かないアピール

男性学（として理解されているもの）のなかに希薄なのは、関係という視点である。これらの議論が、稼得役割への強迫という男性個人が受けるプレッシャーに終始する一方、そうした役割の追求が、支配の欲求とならざるをえないことにあまりに無頓着なのは、女性との関係において稼得役割への固執がどのような意味をもつのか、という視点がほとんど含まれていないからである。関係における意味を無視するからこそ、一家の稼得者としてパートナーシップを築きにくいという、いうなれば家族支配の挫折までをも「生きづらさ」と呼び、「生の基盤」が脅かされることと同レベルの困難として、それらを等置してしまえるのである。

男性学がこれを「生きづらさ」と呼ぶのは、当の男性たちを惹き付けながらジェンダー構造を変革する、という戦略的な意図があるのかもしれない。例えば、稼得役割の固執ゆえに男性がさらされる身体的・精神的・社会的リスク——多賀らが「支配のコスト」と呼ぶもの——を指摘し、実際にそれに喘ぐ男性の共感を得ながら、「ほら、こんなに『生きづらい』でしょう」「だから、男性役割にとらわれるのはもうやめましょう」と、男性が変わる方向へと誘導する、というように。

だが、そのような変革の意図の効果は、おそらく限定的である。なぜならそれは、「生きづらい」と特に感じていない男性や、「支配のコスト」を支払ってでも得られるメリットが大きい男性にとってはほとんど響かないアピールであり、そういう男性は往々にして、この社会においてドミナント（優勢）な地位を保有している男性だからである。例えば、前にも引用した山田（2012）の分析によれば、年収が高い男性ほど「夫は外で働き、妻は家を守るべきである」という性別分業に賛成であり、しかもその賛成割合は、非婚者よりも既婚者の方が大きい。これは、年収の低い男性に見られる傾向とは真逆である。つまり、社会経済的に有力な男性ほど、家庭での稼得役割にこだわり、実際にその通りの夫婦関係を築いている、ということである。

さらにいえば、この男性たちは、多賀が言うような妻からの「二重負担」の期待にさらされることは相対的に少ない。前掲の全国家庭動向調査によれば、専業主婦が多数を占める「その他」の有配偶女性（つまり、この男性の妻にあたる女性たち）において、「結婚後は夫は外で働き、妻は主婦業に専念すべきだ」や「夫は、会社の用事と家庭の用事が重なった時は、会社の仕事を優先すべきだ」の賛成割合は、他の有配偶女性に比べて大きいからである。要するに、「生きづらさ」に目を向けさせようとする戦略は、社会において覇権的な地位を保有する、その意味でジェンダー構造の変革のために最も変わってもらわなければならない男性にこそ、届きにくいアピールなのである。

支配・従属関係に鋭敏になる——個人としての男性に何ができるか

関係の視点に立ってみれば、男性が真にジェンダー関係の変革に携わるつもりがあるかどうかの試金石は、稼得役割の強迫から逃れたいと思うかどうか、ではない。重要なのは、夫婦の稼得役割に固執することが女性への支配の志向に他ならないことを直視して、既存の構造のもとで女性が男性に従属的な地位に置かれうるあらゆる可能性を、男性の側が慎重に回避・排除していくことである。ちなみにこのことは、田中や多賀がコンネルを引いて主張する男性性の複数性や、権力関係の文脈依存性（文脈によっては女性が優位に立ちうること）という考え方（多賀 2016：192）と矛盾しないはずである。例えば、従属的な位置にある男性が（そのルサンチマンを女性にぶつけるのではなく）ドミナントな男性に異議申し立てをすることで男性支配の構造に抵抗することも可能であろう。(5) また、文脈に応じて男性の優位性が変化するのだとすれば、どのような文脈において女性が劣位に置かれうるのかを見定め、そのような文脈におけるジェンダー関係を男性の側からいかに変容させられるかを真剣に考えればよい。そして何よりも、そのような目的のもとでは、「生きづらさ」などという茫漠な単語は少しも必要ではない。むしろ、稼得役割への固執という支配の志向を、「生の基盤」が脅かされる苦悶と一括りにすることで、その固執が女性との「関係」に対してもつ意味を曖昧にし、男性個々人ではどうしようもない問題のように結論づけてしまうことは、反動的ですらある。

大野祥子（2016）は、関係の視点から、男性がいかにジェンダー規範から脱却しうるか／すべきかを追究している一人である。大野もまた、多賀と同様、稼得役割に強迫される男性（と、その強迫からの脱却）を主題とするが、大野は、一部の研究者がこれらの問題をすぐに「世の中や社会」の問題にして語ってしまうことに疑問を抱いたと述べ、「男性たちが個人としてできること」に焦点を当てることを自身に課す（2016：vi）。そのなかで大野が勧めることの一つは、男性たちに対し、妻という自分の目の前にいる女性が稼得能力を備えられるよう促し、支えることである（2016：196）。

大野の提案は、「妻が働くためには夫の協力が必要」という、これまでも訴えられてきたことの反復に聞こえるかもしれない。だが、男性学者が、稼得役割への強迫にとらわれる必要がないことを男性たちに説くなど（田中 2015）、あくまで男性を解放すること、男性が解放されることにかまけているのと比べると、大野は、女性との関係のもとで男性がどのように振る舞うことがジェンダー関係の変革に必要なのかを具体的に考えている点で、対照的である。

大野の提案が意味しているのは、要するに「女性を従属させ、支配させることから『降りる』気があるのなら、まずあなたの目の前にいる女性との関係から、それを始めなさい」ということだろう。なぜなら、妻が就労し稼得能力を得られるよう支えることは、妻が個人として「生の基盤」を確立させられるようサポートし、翻って、妻が夫の自分に経済的に従属し、自分に支配される可能性を、夫の側から回避しようとする試みだからである。

もちろん多賀も、「就労を通じて社会に貢献し経済的に自立することと、家事・育児・地域活動などを通じて身近な人々の生活を手助けする活動を担うこと、その両方の機会を男女が対等に得られ、またその両方に対して男女が対等に責任をもつ、そうした社会の実現を目指すこと」(2016：59) を勧めてはいる。だが、大野が指摘しているのは、「『社会の実現』という大目標を志すのも良いが、男性たちが個人レベルでできること、もっと身近で、確実にすべきこともあるのではないか」ということである。そしてそれは、たとえ非意図的にであれ、目の前の女性を劣位に置く可能性がないか、常に敏感になることであり、また、そういう可能性がある場合には、その状況を慎重に回避したり変えたりしていくことであり、そして何よりも、それを個々の女性との関係において、日常レベルで実践していくことなのである。

相互に理解し、尊重しあうパートナーシップを形成しようとするならば、日々の相互作用は自ずと相手の状態への柔軟な配慮と歩み寄りを含むことになり、「家族する」ことが実現すると考えられる。（大野 2016：195、傍点は引用者による）

誰のための解放か――「降りる」意味を関係の視点から考える

多賀と大野は、稼得役割志向から「撤退」することの困難についての語り方においても対照的である。

多賀は、男性が、稼得役割も含めた男性性から「降りたくても降りられない」困難に触れ、そこには男性集団からの排除を避けたいという動機がある、と説明する（多賀 2016：49）。多賀によれば、男性が男性性の達成を目指すことをやめたり、その価値に否定的な態度をとったりすれば、彼らは「男ではない」と見なされ、貶められるリスクにさらされる、と訴える。そして多賀は、このリスクを「支配のコスト」とは「別種の『生きづらさ』」と呼び、この「生きづらさ」に直面しないために、不本意ながら男性性を追求し続けている男性も少なくないのではないか、という。

「降りたくても降りられない」男性への理解に満ちた多賀の分析に、やはり希薄なのは関係の視点である。繰り返しになるが、男性による夫婦の稼得役割への固執は、意図はどうあれ、結果的には妻の支配を志向することに他ならない。男性がその役割に固執したままパートナーシップを求め、また実際に築いてしまえば、妻の「生の基盤」はいつまでも脅かされ続ける。だとすれば、多賀が理解を示している「降りたくても降りられない」男性たちとは、パートナーの個人としての生存を危うくする可能性を前にして、それでもなお、他の男性からの承認を得ることを優先している男性たちだと言えよう。その意味で、多賀が理解を示す男性たちの実践は、大野の研究が示唆する実践――「目の前の女性を劣位に置く可能性を回避するところから始めなさい」――とは真逆である。

他方、「個人ができること」を掬い取ろうとする大野は、「たとえ最初は理解されなかったとしても、自分が行動しつづけることによって周囲の理解を得て、よりよい環境を構築していくプロセス」（2016：202）に期待をかける。男性性からすすんで「降りる」男性が、批判的な眼差しにさらされることはたしかにあるだろう。しかし、周囲のすべての人間がそのような反応を示すとは限らない。例えば、自分がすすんで「降りる」ことによってそれに追随する男性も出てくるかもしれないし、事実、大野は、ひとりの男性（父親）が変わることで、それが周囲の男性（父親）に波及していく可能性を、調査を通して指摘している（2016：199）。

大野がこの「プロセス」を重視する理由は、彼女の関心が「次世代の発達環境の変化」にあるからである（2016：201-202）。例えば、男性がいま変わることで、その子世代は、稼得役割の固執＝支配の志向にとらわれない男性のロール・モデルを得ることができる。また、男性性から降りてもペナルティを課されずに生きられる仕組みを、男性がいま社会に求めておけば、将来の子どもたちが、そのような生活を送ることは、少なくとも現在の男性たちよりは容易になるからだ。

要するに、大野の目は関係に、つまり、男性の志向や実践が他者にもたらしうる意味や効果に、常に向けられているのである。男性学が、男性自身が解放される／楽になるために男性性が男性性から「降りる」ことを勧めるのに対し、大野は、「降りる」ことの意味やその実践のしかたについて、パートナーという親密な他者の、個人としての生存をいかに成り立たせるかという観点から、また、次代の子どもたちのためのよりよい社会的環境をいかにつくるかという観点から、それを検討しているといえよう。

「男性とケア」という問題系

念のために付け加えておけば、わたしは、男性が経験する稼得役割の強迫が取るに足らないものだと主張しているわけではない。国内外の研究が示すように、男性が男性性の達成に駆り立てられることで、身体的・精神的・社会的に不健康な生活スタイルを続けてしまうことは明らかである(Courtenay 2000)。わたしが主張しているのは、それを「生きづらさ」として理解すること、とりわけ、就労機会や稼得能力が構造的に剥奪されるような経験と同列にしてしまうことへの反対であり、そうした理解がジェンダー関係の変革において意味がないどころか、むしろ反動的ですらある、ということである。雇用状況の不安定化のもとで「生の基盤」が脅かされている男性が増え続けていることは事実だが、彼らが個人としての生存・生活を脅かされることで抱える〈生きづらさ〉と、男性たちが一家の稼得者＝支配者であることに挫折していることで感じる苦悶は、明確に区別する必要がある。

コンネルが指摘するような男性間の差異や階層性がたしかに存在する一方で、多賀自身も認めるように、全体としての「男性優位社会」は変わっていない。そのような「社会」のもとでの男性たちの志向や実践は、思わず知らず自身の優位性を保つもの（＝女性を劣位に留めるもの）になる可能性がある。それを回避し変えるためには、男性自身が、自らの志向や実践が何を意味しうるのかを、女性との関係のもとで内省的・批判的に検討する以外にない。

本書が、「自立と自律のフィクション」の解体をひとつの目的としたのも、そのためである。「自立／自律」はしばしば男性性に結び付けられ、「自立し自律した存在」であることを強迫的に自らに求める男性も少なくないが、多賀のようにそれを「生きづらさ」と呼ぶかわりに、本書ではむしろ、その「自立／自律」がどのように構成されているか、「自立／自律」がそのように構成されることで、男性優位のジェンダー関係がいかに維持されているかを批判的に考察することを試みた。

男女の構造的位置を考えれば、ジェンダー関係の変革に向けて男性ができること・すべきことは、女性のそれと単純に並列することはできないし、並列してはならない。「男性優位社会」の構造のもとで男性に突きつけられているのは、男性たちに支配の志向を「断念」することはできるのか、いかにしてその志向にとらわれずに済むのか、という問いである。その意味で、男性が「降りる」のは男性性ではなく、より直截に「支配者としての地位」と言うべきであろう。女性が女性性から「降りる」ことと、男性が男性性から「降りる」ことは、言葉にしてしまえばたしかに同じ「降りる」だが、それぞれの構造的位置の違いを考えれば、「降りる」ことの意味は正反対である。むしろ、両者を同じ「降りる」という言葉で語ってしまうことで、そうした違いが不明確になってしまう危険を考えれば、「男性性から『降りる』」という表現を安易に使うことは避けるべきだろう。

何度でも繰り返すが、支配の志向は必ずしも意図的・意識的に行われているとは限らない。「家族を全面的に扶養する」という「惜しみなく与える」精神のもとでも、結果的につくられる状況は家族の従属、家族への支配だからである。男性に必要なのは、支配の意図の有無とは別に、自身の実践が他者（とりわけ女性）への支配になっていないか、そうなる可能性がないか、常に敏感になることである。逆に言えば、男性が「自分は女性を下になんて見ていない」という自覚があるからといって、自身は支配の地位から既に「降りている」と思いこんでしまうことは、意図とは関わりなく行われうる支配への内省を放棄しているという意味で、ジェンダー関係の変革を最も阻害する態度である。

そのように考えてみると、「男性とケア」という問題系は、男性がいかにしてジェンダー関係の変革に携われるかを考えるために、必ず取り組むべきものであることがわかる。ケアを必要とする個人とは、とりわけ傷つきやすく、とりわけ依存的な存在である。そのような個人へのケアに携わるとは、その個人の依存先となることであり、したがって、ケアする側は、相手を容易に支配することが可能な位置に立つということである（岡野 2012）。だとすれば、ケアすることとは、相手の生殺与奪権がすぐ手元にある状態で、それを行使しないことであり、言い換えれば、支配者となる／支配者であることから「降りる」実践に他ならない。そして、ここまで述べてきたように、そのような「降りる」実践を行うことができるかどうかこそが、男性がジェンダー関係の変革に携われるかどうかの試金石となる。その意味で、「男性は（いかにして）ケアすることができるのか」という問いは、男性優位のジェンダー秩序を前にして「男性は（いかにして）変われるのか」という問いそのものなのである。

なぜ弱さは否定されなければいけなかったのか

繰り返しになるが、「自立と自律のフィクション」への批判的検討は、「なかったこと」にされている依存を明るみに出し、例えば、田中が男性に「関係的自立」を勧めるように、それらを一つ一つ克服するために行われるわけではない。そのような批判的検討は、「依存的存在としてのわたしたち」を前提とした社会を構想するためにこそ行われるべきである。「フィクション」の解体は、「自立し自律した（と思われている）個人」でさえも行っている依存と、その依存が女性に偏って受け容れられて／受け容れさせられているという事実の両方を明るみに出し、わたしたちの生を成り立たせるために必要な依存を、男女ともに公正に分かち合う方向を模索するために行われる必要がある。

岡野八代（2012）は、依存的存在を前提とした社会のもとで、「社会的包摂」の概念は一八〇度転換することを説明する。岡野は、主流の社会構想が前提とする個人とは「常に既に自律し自立した個人」であることを指摘しつつ、同時に、そのような「個人」は「原初の依存」を忘却した上にのみ成り立っていることを明らかにする。そして、そのような個人観のもとでの社会構想における

「社会的包摂」とは、社会を構成する「自律し自立した個人」たちによって、依存的存在がそこに参入「させてもらう」ことを意味することになる。だが、依存的存在を前提にした社会では、社会の形成の端緒にあるのはその依存的存在である。そして、社会に包摂されるのは、その依存的存在が脅かされずに済むように、その存在のもとに集う人びとの方である。つまり社会関係は、依存的存在を中心として、依存的存在のために形成されていくのである。

まず、傷つきやすい身体があり、その身体は環境に左右されやすく、放っておくと死に至るかもしれず、生存のためには誰かに依存しなければならない。そこに、呼びかけられた者たちが、ある関係性のなかに包摂されていくのだ。自律的・自立的であるという意味での責任がとれる自由な主体になることで包摂されるのではない。包摂の最後に残されるのが、依存する者なのではなく、最初に包摂を呼びかけているのが、他者に曝される身体をもつ、依存する者たちなのである（岡野 2012：183–184）。

岡野の議論を参照すれば、本書の分析を通して示唆された「息子性」の一つ、すなわち「弱者が弱者のまま存在することへの否定」が、「自立と自律のフィクション」の当然の帰結であることが理解できる。「自立し自律した（と誤認されている）個人」であることが社会の構成員となる要件なのであれば、依存的存在に対して社会に居場所を用意するには、その人びとの依存性を極力「なかったこと」にする必要が生じる。それゆえ、息子たちは老い衰えた親を社会の一員に留め置くために、親が依存的存在であることを否認しなければいけなかったのである。また、男性たちのセルフヘルプ・グループに「弱者が弱者のまま存在することの否定」の圧力が瀰漫していたのは——少なくとも脱退者がそう感じたのは——それもまた岡野のいう主流の社会のあり方が前提となっていたからだと推測できる。つまり、「自立し自律した（と誤認されている）個人」から成る社会に相似させて、男性たちの集団が形成されていたからである。だが、前述の通り、依存的存在を依存的ではないかのように扱うことは、それ自体が暴力になるのであり、「弱者であること」を否定して社会に参入させようとする試みは、「暴力的な包摂」（岡野 2012：184）にほかならない。

＊＊＊＊＊＊＊＊

息子介護を手掛かりとした「息子性」の分析を経て示唆されたのは、男性性研究の課題の一つとしての「自立と自律のフィクション」の批判的検討である。岡野が言うように、「自立し自律した個人」は社会の基礎単位であるかのように前提されている。しかし、その「自立」「自律」は、生を維持するために不可欠な依存を「なかったこと」にして成り立つ虚構である。その「フィクション」の批判的検討が男性（性）研究の課題となるのは、「自立」「自律」に深く絡め取られてきたのが、まさに男性たちだからである。この「自立」「自律」の概念が、男性にとって抑圧的な経験をもたらすことは、男性の「生きづらさ」や、セルフヘルプ・

グループから「弾き落とされた」息子介護者たちの声が、たしかに示してはいる。だが、その「自立」「自律」から身を引き剥がすことでの「男らしさ」からの解放の試みは、少なくともそれ自体では「自立」「自律」の虚構性の批判的検討にはならない。男性学研究が、ジェンダー関係の変革に繋がるとすれば、それは、そうした「自立」「自律」の概念によって、非対称で不平等なジェンダー関係がどのように維持されているかを、男性たちの具体的な実践と経験に即して分節化していくことによるだろう。

男性の経験の分析を端緒として、不可視化されてきた依存とケア労働のジェンダー不平等分配を明るみに出すこと。その是正として、依存を中心かつ前提とした社会関係のあり方を考えること。そうした営みは、非対称で不平等なジェンダー関係への挑戦という意味において、最もラディカルな男性（性）研究の一つになると考えられる。

注

（1）実のところ、ジェンダー関係についての多賀の理解そのものについても、わたしには不可解な点が多い。多賀は、自身の立場が「『ジェンダー・リベラル派』に限りなく近い」（2016：197）と言い、この「リベラル派」には、「男女間の利害関係や権力関係における非対称性に焦点を当て、そうした非対称性の解消を目指す」「ジェンダー平等主義」（2016：95）と、「固定的で非対称な男女のあり方」が「個人の自由な選択を規制する」ことに反対する「ジェンダー自由主義」（2016：100）が含まれているという。だが、多賀がこれらの「主義」について具体的に説明するほど、ジェンダー関係に対する彼の理解の粗雑さが顕わになっていく。例えば、彼は「ジェンダー自由主義」の意義として、「ジェンダー平等主義」では問題化しにくかった性的マイノリティが直面する問題を可視化できることを挙げる（2016：102）。多賀によれば、「ジェンダー自由主義」は「異性愛至上主義（heterosexism）が同性愛者に対してもたらす抑圧性を問題化するのに非常に効果的」と述べ、それは「ジェンダー自由主義」が「固定的な『女らしさ』『男らしさ』の規範の抑圧性を問題化する」からであるという（103）。だが、同性愛者（を自認する人々）が既存の社会構造のもとで困難を抱えるのは、その人々が「女らしさ」「男らしさ」からの解放を志向しているからではない。逆に、その人々のなかには、自らの性的指向において固定的な「女らしさ」「男らしさ」を拠り所にする場合すらある。例えば、ゲイ男性のなかには「男らしく」あることに性的魅力を覚え、逆に「女らしい」こと――それを体現した「女性っぽい」ゲイ男性も含めて――を嫌悪する、というミソジニーを表明する者もいることが指摘されている（Taywaditep 2002）。したがって、竹村和子（2002）が指摘するように、たしかに性差別（セクシズム）と異性愛主義（ヘテロセクシズム＝多賀のいう異性愛至上主義）は近代社会の性規範において相補的な関係をなしているとしても、両者は必ずしも調和的な関係にあるとはいえない。だとすれば、性差別に照準する「ジェンダー自由主義」と反・異性愛主義を安易に重ねてしまう理解は、今日のジェンダーとセクシュアリティの研究水準からすれば、問題があると言えよう。多賀の議論は、男性が直面する困難についての彼の微細な記述とは対照的に、「性」をめぐる社会的編成と差別についてはあまりに粗雑に思える。男性特権についての言及が表面的なエクスキューズにしか見えないほど、多賀の議論に不平等なジェンダー関係についての関心がほとんど感じられないのは、そのためである。

（2）　ここでいう稼得能力とは、個人の技量というスキルの意味ではなく、置かれた環境や状況によって条件付けられた潜在的可能性（capability）のことである。

（3）　多賀のいう「生きづらさ」と区別するために、就労機会や稼得能力が構造的に剥奪されることによって「生の基盤」が脅かされることによる困難を〈生きづらさ〉と表記する。

（4）　だとすれば、多賀が理解を示す男性が異性愛のパートナーとして求める女性とは、男性に扶養してもらうことを期待するという意味で経済的依存を求める女性（のみ）を指し、言い換えれば、そのように自分に依存したがる女性しか女性として見ていない、ということになる。多賀は女性たちの扶養期待を「過酷な期待」と否定的に言うが、男性たち——そこには彼らに理解を示す多賀自身も含まれるだろう——が、自分たちに依存＝従属を求める女性（のみ）に「女性」を代表させている事実は看過されている。問われるべきは、なぜ彼らは自らの女性への性支配的眼差しをそこまで棚に上げながら被害者意識にばかり耽溺できるのか、であるはずである。

（5） 多賀の議論、および彼が依拠するコンネルの男性性理論に対してわたしが感じる保守性はこの点にある。コンネルは、当該社会でドミナントな男性性＝覇権的男性性（一家の扶養者となることもその一つである）を体現できない「劣位」の男性たちでさえも、その覇権的男性性を志向することによって、男性間の階層を通じて男性優位のジェンダー秩序が維持されることを説明する一方、男性たちがどのようにしてその秩序に異議申し立てをしうるのかを理論化することはできていないように思える。結果的にコンネルの理論は、現状の追認に終始しているようだ。だが、例えば山根純佳（2010）がエージェンシー概念を手がかりに理論化したように、個人が性別分業的な構造に抵抗的な実践を行いうる条件を説明するジェンダー研究は、蓄積されつつある。後に示す大野祥子（2016）の「『家族する』男性たち」の研究もその一つと考えられるし、そもそも多賀自身も初期の著作では、男性たちがジェンダー秩序に懐疑的あるいは抵抗的になるプロセスを汲み取ろうとしていたように思える（多賀 2001）。どのような理論を用いるのかは研究者の選択に委ねられているのだから、男性の「生きづらさ」を説明するため、コンネル理論をその現状追認的な性格も含めて採用したのは、多賀自身である。だとすれば、多賀がその理論に則って男性の置かれた現状を分析し、さらには「劣位」の男性が女性にルサンチマンをぶつけることに理解を示すとき、それは多賀自身の議論の保守的志向を示唆しているのである。

あとがき

息子介護について考え始めたのは、アメリカの小さな町で大学院生をしている時でした。保存している限りのいちばん古い研究メモの日付は二〇〇七年四月なので、このテーマに取り組み始めて、もうすぐ一〇年になるようです。

わたしがこのテーマに深入りしたのは、「おとなの息子」が気になったことがきっかけでした。親なんて初めからいなかったかのようにしている男の人たち――「一人前」と言われている男の人たち――を見ていて、「中年の男性にとって息子としての自分って何なんだろう」と考え始めたのが、二〇代の半ば。そういう「おとなの息子」への関心の先で、息子介護というテーマに出会うことは必然でした。中年の男性にはたいてい、既に要介護か、もうすぐ要介護の老年の親がいますから。

息子介護の本でありつつも「おとなの息子」を前面に押し出しているこの本は、だから、わたしにとって原点回帰ともいえるものです。もうひとつ、この本がわたしにとって原点回帰なのは、「男」というジェンダーに真正面から（とまではいかなくても、斜め一五度くらいの向かいから）取り組んでいるところです。

「男」が関心事になったのは「おとなの息子」よりずっと前（というより後者は前者への関心から派生しています）、わたしが四歳のときです。「男の子らしくするのがいや」どころか、「そもそも何が男の子らしいのかがわからない」という不適応を抱えたわたしにとって、人生最初で最大の謎は「男」でした。

男性学はまさにその「男」を扱う学問ですが、わたしがそれに懐疑的なのは本書を読まれればおわかりになるでしょう。男たちの階層秩序が維持されるメカニズムなど、男性学の理論はどんどん精緻になっている一方で、わたしにとって最も気になる「男」の謎は、そこでは語られていないように思ったからです。それは、「男は、自分が下駄を履かせてもらっていることを、どうしてここまで無視し続けられるのか」という謎でした。

その謎にとりつかれたのは、わたしの対人関係のせいかもしれません。わたしは、今も昔も友達のほとんどが女性なのですが、「男のあんたはいいよねー」と冗談めいた皮肉を言われることがありました。「この社会で優遇されてる男のあんたには、わからないよね」という意味です。それを繰り返し聞くうちに意識せざるをえなくなったこと——それは、自分がずっと下駄を履かせてもらって生きているということ、しかも、男らしくない「男の規格外れ」のようなわたしでも、男というだけでそれを履かせてもらえるということ、そして何より恐ろしいことに、男は、それを履かせてもらっていることに気づかずに生活できてしまえる、ということでした。

そう、わたしたち男は、履かせてもらっている下駄にすこぶる無頓着なのです。われわれが履きなれた下駄の高さや形状が、フェミニズムの登場によって「これでもか」というほどに暴かれているのに、それに対する男たちの反応は、いまいちピンとこないでいるか、「いやいや、男だってしんどいんだよ」と、「生きづらさ」のジェンダー平等（だけ）は熱烈に主張して煙に巻くか、はたまた「うっさい、黙れ」と逆ギレしてみせるか、ほとんどがそのどれかのように思えます。

わたしが知る限り、「下駄に気づかずに済んでいるのはなぜか」に答える男性学はありませんでした。もちろん、男性学は「はい、われわれは優位に立っています」「そのことは十分意識しています」と声高に述べてはいますが、いちばん熱くなるのはたいてい「男ってこんなに大変なんすよ」という部分でしょう。そして何より、「優越性の自覚」と「大変さの訴え」は、いわばそれぞれ別のお皿に載せてサーブされており、ひとつの枠組みのなかに整合的に位置づけられていないように感じました。

「四つ子」の魂よろしく、原点回帰したこの本のなかでやりたかったのは、この二つをワンプレートに載せてサーブすることでした。そうしてできたのが、終章です。つまり、男性性を今のようなものとして理解し説明する、まさにそのことによって隠蔽される男の下駄、ジェンダー不平等があるのではないか、ということ、したがって、そのような男性性を前提にして何かを語る限り、それがたとえ男性性（の抑圧）からの解放の主張であっても、男の下駄は陰に隠れてしまうのではないか、ということでした。

もちろん、やりたかったことと実際にやれたことは別です。ワンプレートには載せてみたものの、実は生焼け、生煮えで食えたもんじゃないんじゃないか、とか、そもそもこのお皿は、お皿として使っていいものだったんだろうか、とか、諸々の不安に駆られながらも、あとは舌の肥えた厳しいお客さまのジャッジをどきどきしながら待つばかりです。

本書の内容については、その瑕疵も含めてすべてわたしに帰責されますが、この本をかたちにできたのは、類まれな扱いづらさを誇るわたしを、いつも支えてくれている人たちのおかげです。

まず、わたしにとって、研究者としての母である上野千鶴子さんとアレキシス・ウォーカーさん。上野さんは、わたしがこの業界で生きていくためのすべてを授けてくれた人といっても過言ではありません。わたしは上野さんの研究室の学生であったことは一度もなく、その意味でわたしは上野ゼミでは「よその子」でした。しかし、わたしが大学院の途中でアメリカに「亡命」したとき、上野さんから学んだ研究のイロハが現地で何より役に立つことを実感し、海を越えてもやっていけるための、国際水準で使えるサバイバル・ツールを、「よその子」のわたしにもきちんと持たせてくれたことに感謝とともに気づきました。何より、わたしが息子（介護）の研究を細々とでも進められているのは、在米中も帰国後も、折に触れて研究会やディスカッションの機会をつくってくれる上野さんのおかげです。

もうひとりの母、アレキシスは、アメリカの大学院での指導教授です。告白すれば、わたしの

「おとなの息子」への関心は、アレキシスの「おとなの娘」の研究に触発されたものです。共通の趣味である映画の話、パートナーや性《セックス》の話、それから、アメリカと日本のあいだにかつて起こった戦争の話まで、アレキシスはわたしにとって何でも語れる友人でもありましたが、同時に彼女は、わたしの研究への容赦ない批判もきちんとしてくれる人でした。当時から闘病中だったアレキシスは、わたしが帰国して間もなく、「次の誕生日がきたらカンレキだよ」と、わたしから学んだ日本語を交えたメールを最後に急逝しましたが、記憶のなかの彼女と「あなたならきっとこう言うよね?」と対話することで、今もアイディアを得ています。

本書の主張の軸にある「依存的存在としての自分と向き合うこと」について、わたしが真剣に考えだしたのは、東京都健康長寿医療センター研究所の島田千穂さんと伊東美緒さんのおかげです。「予防」の名の下に、老い衰えることをいかに先送りにするかに夢中のエイジング研究が優勢であるなか、島田さんと伊東さんは、老い衰える心とからだをありのままに受け容れられる思想と、それをかたちにし、そうした生き方を支えるためのケア実践を言語化しようと孤軍奮闘しています。島田さん、伊東さんとの会話がやめられないのは、どんなに大変な状況もお二人が抱腹絶倒の笑い話に変えてくれるからだけでなく、「依存的存在が安心して生きられるためにはどうすれば」という問いをめぐって、お二人が次々に刺激を与えてくれるからです。

同じく研究所の小川まどかさんは、硬軟問わず何でも率直に話せる友人であり、そうした彼女との会話を通して生まれた着想と発見が、いまのわたしを支えてくれています。研究のアイディアというよりは、「何となくこう思う」みたいな怪しげな思いつきの段階から、ときに大胆な寄り道を交えつつ、あーだこーだ、いつも小川さんに話に付き合ってもらうことで、わたしの今の研究は成り立っています。もちろん、硬軟の軟の部分できゃあきゃあ大はしゃぎすることが、メンタル面でもわたしの支えになっているのは間違いなく、研究者としてのわたしも含め、今の平山亮という人間が丸ごとお世話になっているのが小川さんです。

勁草書房の橋本晶子さんは、わたしと一緒にこの本を生み育ててくれました。原稿が進まない理由を語るときばかり、いつも饒舌になるわたしを三年間にわたって励まし続け、わたしのアイディアのどこがどのように面白いのかを、わたしにはない視点でいつも気づかせてくれる橋本さんの支えがあったからこそ、この本を最後まで書くことができました。いつも爽快な橋本節を堪能できる毎回の打ち合わせは本当に楽しく心地よく、そういう編集者さんと出会えたこと、そういう橋本さんがわたしを仕事相手に選んでくださったことに、感謝の気持ちでいっぱいです。

最後に、わたしの両親へ。世間一般でいえば「おかしな子」だったかもしれない息子を、世間にあわせて矯正するのではなく、「あんたはそれでいい」とそっと支え続けることが、親としてどんなに勇気の要ることだったか、今のわたしにはわかります。もしこの本が、「息子であること」「男であること」について、すこし違った見方をするための手助けをするものになっているのだとしたら、それはきっと、あなた方のおかげです。ありがとう。

参 考 文 献

Abel, Emily K., 1990, Informal care for the disabled elderly: A critique of recent literature. *Research on Aging*, 12, 139-157.

Abel, Emily K., 1991, *Who cares for the elderly?: Public policy and the experiences of adult daughters*. Philadelphia, PA, USA: Temple University Press.

Addis, Michael E., and James R. Mahalik, 2003, Men, masculinity, and the contexts of help seeking. *American Psychologist*, 58, 5-14.

Arber, Sarah, and Jay Ginn, 1995, Gender differences in informal caring. *Health & Social Care in the Community*, 3, 19-31.

Bird, Sharon R., 1996, Welcome to men's club: Homosociality and the maintenance of hegemonic masculinity. *Gender & Society*, 10, 120-132.

Bracke, Piet, Wendy Christiaens, and Naomi Wauterrickx, 2008, The pivotal role of women in informal care. *Journal of Family Issues*, 29, 1348-1378.

Calasanti, Toni, 2003, Masculinities and care work in old age. In *Gender and ageing: Changing roles and relationships* (pp. 15-30), edited by Sara Arber, Kate Davidson, and Jay Ginn. Maidenhead, England: Open University Press.

Clasanti, Toni, 2010, Gender relations and applied research on aging. *Gerontologist*, 50, 720-734.

Calasanti, Toni, and Neal King, 2007, Taking "women's work" "like a man": Husbands' experiences of care work. *Gerontologist*, 47, 516-527.

Calasanti, Toni M., 2006, Gender and old age: Lessons from spousal care work. In *Age matters: Realigning feminist thinking* (pp. 269-294), edited

by Toni M. Calasanti and Kathleen F. Slevin. New York, USA: Routledge.
Campbell, Lori D., and Anne Martin-Matthews, 2000, Primary and proximate: The importance of coresidence and being primary provider of care for men's filial care involvement. *Journal of Family Issues*, 21, 1006-1030.
Campbell, Lori D., and Anne Martin-Matthews, 2003, The gendered nature of men's filial care. *Journal of Gerontology: Social Sciences*, 58B, S350-358.
Campbell, Lori D., and Michael P. Carroll, 2007, The incomplete revolution: Theorizing gender when studying men who provide care to aging parents. *Men and Masculinities*, 9, 491-508.
Carpenter, Elizabeth H., and Baila H. Miller, 2002, Psychosocial challenges and rewards experienced by caregiving men: A review of the literature and an empirical case example. In *Men as caregivers: Theory, research, and practical implications* (pp. 99-126), edited by Betty J. Kramer and Edward H. Thompson, Jr. New York, USA: Springer.
Carroll, Michael, and Lori Campbell, 2008, Who now reads Parsons and Bales? Casting a critical eye on the "gendered styles of caregiving" literature. *Journal of Aging Studies*, 22, 24-31.
Chodorow, Nancy, 1978, *The reproduction of mothering: Psychoanalysis and the sociology of gender*. Berkeley, CA, USA: University of California Press.＝1981，大塚光子・大内菅子（訳）『母親業の再生産：性差別の心理・社会的基盤』新曜社.
Connell, R. W., 2005, *Masculinities* (2nd ed.). Berkeley, CA, USA: University of California Press.
Connidis, Ingrid Arnet, and Candace L. Kemp, 2008, Negotiating actual and anticipated parental support: Multiple sibling voices in three-generation families. *Journal of Aging Studies*, 22, 229-238.
Courtenay, Will H., 2000, Constructions of masculinity and their influence

on men's well-being: A theory of gender and health. *Social Science & Medicine*, 50, 1385–1401.

Coward, Raymond T., and Jeffrey W. Dwyer, 1990, The association of gender, sibling network composition, and patterns of parent care by adult children. *Research on Aging*, 12, 158–181.

Davey, Adam, and Maximiliane E. Szinovacz, 2008, Division of care among adult children. In *Caregiving contexts: Cultural, familial, and societal implications* (pp. 133–159), edited by Maximiliane E. Szinovacz and Adam Davey. New York, USA: Springer.

Davidson, Kate, Sara Arber, and Jay Ginn, 2000, Gendered meaning of care work within late life marital relationships. *Canadian Journal on Aging*, 19, 536–553.

Deutsch, Francine M., 2007, Undoing gender. *Gender & Society*, 21, 106–127.

DeVault, Marjorie L., 1991, *Feeding the family: The social organization of caring as gendered work*. Chicago, USA: University of Chicago Press.

Dwyer, Jeffrey W., and Raymond T. Coward, 1991, A multivariate comparison of the involvement of adult sons versus daughters in the care of impaired parents. *Journal of Gerontology: Social Sciences*, 46, S259–269.

Fenstermaker, Sarah, and Candace West, 2002, "Doing difference" revisited: Problems, prospects, and the dialogue in feminist theory. In *Doing gender, doing difference: Inequality, power, and institutional change* (pp. 205–216), edited by Sarah Fenstermaker and Candace West. New York, USA: Routledge.

Finch, Janet, and Dulcie Groves eds., 1983, *A labour of love: Women, work, and caring*. London, England: Routledge.

Finch, Janet, and Jennifer Mason, 1993, *Negotiating family responsibilities*. Oxford, England: Routledge.

Finley, Nancy J., 1989, Theories of family labor as applied to gender differences in caregiving for elderly parents. *Journal of Marriage and the Family*, 51, 79-86.

Floyd, Kory, and Jonathan M. Bowman, 2006, Closeness and affection in father-son relationships. In *Men in relationships: A new look from a life course perspective* (pp. 147-163), edited by Victoria Hilkevitch Bedford and Barbara Formaniak Turner. New York, USA: Springer.

Gerstel, Naomi, and Sally K. Gallagher, 2001, Men's caregiving: Gender and the contingent character of care. *Gender & Society*, 15, 197-217.

Gilligan, Carol, 1982, *In a different voice: Psychological theory and women's development*. Cambridge, MA, USA: Harvard University Press. = 1986, 岩男寿美子（監訳）・生田久美子・並木美智子（訳）『もうひとつの声：男女の道徳観のちがいと女性のアイデンティティ』川島書店.

Hequembourg, Amy, and Sara Brallier, 2005, Gendered stories of parental caregiving among siblings. *Journal of Aging Studies*, 19, 53-71.

Hochschild, Arlie, 1989, *The second shift: Working parents and the revolution at home*. New York, USA: Viking Penguin.

Hochschild, Arlie Russell, 1983, *The managed heart: Commercialization of human feeling*. Berkeley, CA, USA: University of California Press.

Horowitz, Amy, 1985, Sons and daughters as caregivers to older parents: Differences in role performance and consequences. *Gerontologist*, 25, 612-617.

Ingersoll-Dayton, Berit, Margaret B. Neal, Jung-Hwa Ha, and Leslie B. Hammer, 2003, Redressing inequity in parent care among siblings. *Journal of Marriage and Family*, 65, 201-212.

Johnson, Michael P., 1995, Patriarchal terrorism and common couple violence: Two forms of violence against women. *Journal of Marriage and the Family*, 57, 283-294.

Johnson, Michael P., 2005, Domestic violence: It's not about gender — Or

is it? *Journal of Marriage and Family*, 67, 1126–1130.

Kaye, Lenard, 2002, Service utilization and support provision of the male caregiver. In *Men as caregivers: Theory, research, and service implications* (pp. 359–378), edited by Betty J. Kramer and Edward H. Thompson. New York, USA: Springer.

Levant, Ronald F., 1992, Toward the reconstruction of masculinity. *Journal of Family Psychology*, 5, 379–402.

Mason, Jennifer, 1996, Gender, care and sensibility in family and kin relationships. In *Sex, sensibility and the gendered body* (pp. 15–36), edited by Janet Holland and Lisa Adkins. London, England: Macmillan.

Matthews, Sarah H., 1995, Gender and the division of filial responsibility between lone sisters and their brothers. *Journal of Gerontology: Social Sciences*, 50B, S312–320.

Matthews, Sarah H., 2002, Brothers and parent care: An explanation for sons' underrepresentation. In *Men as caregivers: Theory, research, and service implications* (pp. 234–249), edited by Betty J. Kramer and Edward H. Thompson Jr. New York, USA: Springer.

Matthews, Sarah H., and Jenifer Heidorn, 1998, Meeting filial responsibilities in brothers-only sibling groups. *Journal of Gerontology: Social Sciences*, 53B, S278–286.

Matthews, Sarah H., and Tena Tarler Rosner, 1988, Shared filial responsibility: The family as the primary caregiver. *Journal of Marriage and the Family*, 50, 185–195.

Miller, Baila, and Andrew Montgomery, 1990, Family caregivers and limitations in social activities. *Research on Aging*, 12, 72–93.

Morman, Mark T., and Kory Floyd, 1999, Affectionate communication between fathers and young adult sons: Individual- and relational-level correlates. *Communication Studies*, 50, 294–309.

Risman, Barbara J., 1998, *Gender vertigo: American families in transition.*

New Haven, CT, USA: Yale University Press.

Risman, Barbara J., 2009, From doing to undoing: Gender as we know it. *Gender & Society*, 23, 81–84.

Rose, Hilary, and Errollyn Bruce, 1995, Mutual care and differential esteem: Caring between older couples. In *Connecting gender and ageing: A sociological approach* (pp. 114–128), edited by Sara Arber and Jay Ginn. Buckingham, England: Open University Press.

Rosenthal, Carolyn J., 1985, Kinkeeping in the familial division of labor. *Journal of Marriage and the Family*, 47, 965–974.

Rossi, Alice S., and Peter H. Rossi, 1990, *Of human bonding: Parent-child relations across the life course*. Hawthorne, USA: Aldine de Gruyter.

Ruddick, Sara, 1989, *Maternal thinking: Toward a politics of peace*. Boston, MA, USA: Beacon Press.

Russell, Richard, 2004, Social networks among elderly men caregivers. *Journal of Men's Studies*, 13, 121–142.

Sarkisian, Natalia, and Naomi Gerstel, 2004, Explaining the gender gap in help to parents: The importance of employment. *Journal of Marriage and Family*, 66, 431–451.

Schultz, Richard, and Lynn M. Martire, 2004, Family caregiving of persons with dementia: Prevalence, health effects, and support strategies. *American Journal of Geriatric Psychiatry*, 12, 240–249.

Sedgwick, Eve Kosofsky, 1985, *Between men: English literature and male homosocial desire*. New York, USA: Columbia University Press. = 2001, 上原早苗・亀沢美由紀（訳）『男同士の絆：イギリス文学とホモソーシャルな欲望』名古屋大学出版会.

Silverstein, Merril, Xuan Chen, and Kenneth Heller, 1996, Too much of a good thing? Intergenerational social support and the psychological well-being of older parents. *Journal of Marriage and the Family*, 58, 970–982.

Tronto, Joan, 1993, *Moral boundaries: A political argument for an ethic of*

care. London, England: Routledge.
Ungerson, Clare, 1987, *Policy is personal: Sex, gender, and informal care*. London, England: Tavistock.
Walker, Alexis J., Clara C. Pratt, and Linda Eddy, 1995, Informal caregiving to aging family members: A critical review. *Family Relations*, 44, 402-411.
West, Candace, and Don H. Zimmerman, 1987, Doing gender. *Gender & Society*, 1, 125-151.
West, Candace, and Don H. Zimmerman, 2009, Accounting for doing gender. *Gender & Society*, 23, 112-122.
天田城介，2015，「男がケアをするということ：社会関係のメンテナンス・コストのジェンダー非対称性をめぐって」『日本女子大学現代女性キャリア研究所紀要：現代女性とキャリア』7：6-20.
大沢真理，2014，『生活保障のガバナンス：ジェンダーとお金の流れで読み解く』有斐閣.
大野祥子，2016，『「家族する」男性たち：おとなの発達とジェンダー規範からの脱却』東京大学出版会.
岡野八代，2012，『フェミニズムの政治学：ケアの倫理をグローバル社会へ』みすず書房.
伊藤公雄，1996，『男性学入門』作品社.
上野千鶴子，1990，『家父長制と資本制：マルクス主義フェミニズムの地平』岩波書店.
上野千鶴子，2013，『女たちのサバイバル作戦』文春新書.
落合恵美子，2004，『21 世紀家族へ：家族の戦後体制の見かた・超えかた』有斐閣.
春日井典子，1996，「中期親子関係における共有体験：母娘間の感情次元の分析を中心に」『家族社会学研究』8：139-149.
春日井典子，2004，『介護ライフスタイルの社会学』世界思想社.
春日キスヨ，2008，「ニーズはなぜ潜在化するのか：高齢者虐待問題と

増大する『息子』加害者」，上野千鶴子・中西正司（編）『ニーズ中心の福祉社会へ：当事者主権の次世代福祉戦略』（pp. 92-124）医学書院.
春日キスヨ，2010，『変わる家族と介護』講談社現代新書.
春日キスヨ，2013，「男性介護者の増大と家族主義福祉レジームのパラドクス」，庄司洋子（編）『親密性の福祉社会学：ケアが織りなす関係』（pp. 165-184）東京大学出版.
春日キスヨ，2015，「『男性介護者問題』と介護家族支援」『現代思想 2015年3月号：認知症新時代』（pp. 182-191）青土社.
国立社会保障・人口問題研究所，2015，『第5回全国家庭動向調査（2013年社会保障・人口問題基本調査）：現代日本の家族変動』.
笹谷春美，2008，「女が家族介護を引き受けるとき：ジェンダーとライフコースのポリティクス」，上野千鶴子・大熊由紀子・大沢真理・神野直彦・副田義也（編）『ケア　その思想と実践④：家族のケア　家族へのケア』（pp. 55-74）岩波書店.
澁谷知美，2009，『平成オトコ塾：悩める男子のための全6章』筑摩書房.
全国国民健康保険診療施設協議会，2011，『男性介護者に対する支援のあり方に関する調査研究事業報告書』.
全国国民健康保険診療施設協議会，2012，『家族介護者の実態と支援方策に関する調査研究事業』.
多賀太，2001，『男性のジェンダー形成：〈男らしさ〉の揺らぎのなかで』東洋館出版社.
多賀太，2006，『男らしさの社会学：揺らぐ男のライフコース』世界思想社.
多賀太，2016，『男子問題の時代？：錯綜するジェンダーと教育のポリティクス』学文社.
竹信三恵子，2013，『家事労働ハラスメント：生きづらさの根にあるもの』岩波新書.
竹村和子，2002，『愛について：アイデンティティと欲望の政治学』岩

波書店.
田中俊之，2009，『男性学の新展開』青弓社.
田中俊之，2015，『男がつらいよ：絶望の時代の希望の男性学』KADOKAWA.
田房永子，2012，『母がしんどい』KADOKAWA.
津止正敏・斎藤真緒，2007，『男性介護者白書：家族介護者支援への提言』かもがわ出版.
中西泰子，2009，『若者の介護意識：親子関係とジェンダー不均衡』勁草書房.
西野理子，2002，「結婚後の親子間における家族認知：中期親子関係の質をめぐる検討」『東洋大学社会学部紀要』39：91-104.
信田さよ子，2008，『母が重くてたまらない：墓守娘の嘆き』春秋社.
信田さよ子，2015，『加害者は変われるか？：DV と虐待をみつめながら』ちくま文庫.
原田曜平，2016，『ママっ子男子とバブルママ：新しい親子関係が経済の起爆剤となる』PHP 新書.
平山亮，2012a，「息子介護者の〈言い分〉③：“オトコの家事”が“介護者の技術”に変わるとき：『意味』の変化がもたらす支援ニーズの芽生え」『訪問看護と介護 2012 年 6 月号』（pp. 522-525）医学書院.
平山亮，2012b，「息子介護者の〈言い分〉⑨：息子と母の“男と女の関係”：庇護者的介護スタイルに見るジェンダー関係」『訪問看護と介護 2012 年 12 月号』（pp. 1080-1083）医学書院.
平山亮，2014，『迫りくる「息子介護」の時代：28 人の現場から』光文社新書.
本間昭・永田久美子（編），2014，『知っておきたい認知症ケア最前線：理解と実践』ぱーそん書房.
松井由香，2014，「男性介護者の語りにみる『男性ゆえの困難』：セルフヘルプ・グループに集う夫・息子介護者の事例から」『家族研究年報』39：55-74.

水無田気流，2015，『「居場所」のない男，「時間」がない女』日本経済新聞出版社.
目黒依子・矢澤澄子・岡本英雄（編），2012，『揺らぐ男性のジェンダー意識：仕事・家族・介護』新曜社.
柳谷慶子，2011，『江戸時代の老いと看取り』山川出版社.
山田昌弘，2012，「男性のジェンダー意識とパートナー関係」，目黒依子・矢澤澄子・岡本英雄（編）『揺らぐ男性のジェンダー意識：仕事・家族・介護』（pp. 40-53）新曜社.
山根純佳，2010，『なぜ女性はケア労働をするのか：性別分業の再生産を超えて』勁草書房.

著者略歴

1979年　神奈川県生まれ
2003年　東京大学文学部卒業
2005年　東京大学大学院人文社会系研究科修士課程修了
2011年　オレゴン州立大学大学院博士課程修了、Ph. D. (Human Development and Family Studies)、東京都健康長寿医療センター研究所 福祉と生活ケア研究チーム 研究員を経て、
現　在　大阪市立大学大学院文学研究科 准教授
著　書　『迫りくる「息子介護」の時代』（共著、光文社新書、2014年）『きょうだいリスク』（共著、朝日新書、2016年）、ほか。

介護する息子たち
男性性の死角とケアのジェンダー分析

2017年２月25日　第１版第１刷発行
2020年８月20日　第１版第３刷発行

著　者　平《ひら》山《やま》　亮《りょう》
発行者　井村寿人

発行所　株式会社　勁《けい》草《そう》書房

112-0005　東京都文京区水道2-1-1　振替　00150-2-175253
電話（編集）03-3815-5277／ＦＡＸ 03-3814-6968
電話（営業）03-3814-6861／ＦＡＸ 03-3814-6854
港北出版印刷・松岳社

ISBN978-4-326-65405-5　Printed in Japan